GESTÃO EFICAZ DE RECOMPENSAS

G.E.R.

TÍTULO ORIGINAL:
G.E.R.: La Gestión Eficaz de las Recompensas

AUTOR
Francisco Muro Vilallon (Paco Muro)

CONJUNTURA ACTUAL EDITORA
Sede: Rua Fernandes Tomás, 76-80, 3000-167 Coimbra
Delegação: Avenida Engenheiro Arantes e Oliveira, 11 – 3.º C – 1900-221 Lisboa – Portugal
www.actualeditora.pt

TRADUÇÃO
Inês Guerreiro / Lufada de letras

REVISÃO
Ana Breda

CAPA
FBA

PAGINAÇÃO
MA

IMPRESSÃO E ACABAMENTO
Artipol - www.artipol.net
Março, 2019

DEPÓSITO LEGAL
n.º 453411/19

Biblioteca Nacional de Portugal – Catalogação na Publicação

MURO, Paco, 1946-

G.E.R. – Gestão Eficaz de Recompensas. – (Fora de coleção)
ISBN 978-989-694-271-7

CDU 005

GESTÃO EFICAZ DE RECOMPENSAS

G.E.R.

A ARTE DE PREMIAR PARA MOTIVAR

PACO MURO

ACTUAL

Índice

Prefácio 9

Introdução 15

PRIMEIRA PARTE 17
- Os fundamentos da GER 19
  - A revelação 19
  - As três perguntas mágicas 26
  - Conclusão 32

SEGUNDA PARTE 35
- Como recompensar eficazmente? 37
  - 10 + 1 prémios eficazes 42
  - Conclusão 63

TERCEIRA PARTE 65
- O que recompensar? 67
  - 10 ESTRATÉGIAS de sucesso para impulsionar e fomentar através da GER 69

QUARTA PARTE 121
Plano de ação: como ser um «gestor 10» 123
Os 5 passos para pôr em prática a GER, o seu plano de sucesso 125

QUINTA PARTE 133
Plano de ação para o autoaperfeiçoamento. Seja o seu próprio *coach*. 135

Resumo final 139
Os fundamentos 139
Recompensas 139

Última reflexão 141

Prefácio

NUMA ERA TOTALMENTE ORIENTADA para a obtenção de mais e melhores resultados por parte das empresas, que vivem, sobrevivem, crescem e tentam agregar valor num contexto cada vez mais VICA (volátil, incerto, complexo e ambíguo), os temas da valorização do papel das Pessoas no atingimento de resultados numa fizeram tanto sentido!

A pergunta que se pode colocar – e que eu me coloco todos os dias no papel de Gestor de Pessoas – é a de saber se as (minhas) Pessoas estão a ser adequadamente recompensadas pelos esforços e processos adicionais em que estão envolvidas e, bem assim, se os conceitos mais tradicionais de recompensas financeiras são percecionados pelas Pessoas como algo benigno e que as vincule, as entusiasme e as «fidelize» à sua empresa e aos seus processos de negócio.

Esta obra é muito mais do que um manual sobre Gestão de Recompensas nas empresas, é mesmo sobre como a gestão de recompensas pode ser EFICAZ nos processos de alinhamento, motivação e mobilização dos colaboradores nos contextos desafiadores das empresas e dos negócios dos nosso tempo.

Ora vejamos…

Numa primeira parte, o autor enquadra e posiciona o tema das recompensas das pessoas nas empresas no quadro dos processos da motivação e dos comportamentos motivados. E por falar em comportamentos, quais os comportamentos que devem ser recompensados pelas empresas e pelos líderes? Esta pergunta é especialmente interessante, dado que em muitos casos as empresas não têm definidos os comportamentos tipo adequados que são esperados pelos seus colaboradores e, bem assim, não raro nunca disseram aos seus colaboradores o que a empresa verdadeiramente espera deles... Este é um desafio basilar no quadro de uma empresa focada nos clientes, nas suas necessidades, mas sobretudo na concretização de resultados.

Uma analogia entre pais e filhos em matéria de alinhamento e recompensas sobre os comportamentos mais desejados e eficazes é apresentada pelo autor no que toca à contextualização dos processos de recompensas como respostas imediatas a comportamentos esperados e diretamente relacionados com o atingimento de resultados.

Numa segunda parte, o autor apresenta o conjunto de ferramentas que os líderes têm à sua disposição tendo em vista potenciar uma relação direta e otimizada entre as necessidades e expectativas dos colaboradores, e os consequentes sistemas e metodologias de recompensas. E estas, a falar de recompensas financeiras; mas também no quadro do «salário psicológico», o conjunto de recompensas não financeiras que podem motivar e mobilizar os colaboradores, bem como vincular os mesmos aos resultados dos negócios das suas empresas.

A terceira parte deste livro dedica-se à explicitação de como as empresas podem construir e implementar uma «Cultura de Reconhecimento e Recompensa», através da aplicação de uma metodologia de 10 estratégias a adotar dentro de uma empresa tendo em vista a operacionalização dessa cultura e a sua passagem a práticas específicas de envolvimento e mobilização.

A quarta parte é uma espécie de «mãos à obra»: o autor apresenta um modelo de plano de ação para a implementação de um sistema de recompensas ajustado ao contexto e necessidades da organização. Este modelo de cinco passos potencia de forma objetiva a criação de uma verdadeira cultura e prática de recompensas na empresa envolvendo os seus colaboradores.

Finalmente, numa quinta e ultima parte, o autor «embrulha» ideias, modelos, processos e, sobretudo, modos e formas de estimular e alavancar os processos de reconhecimento nas empresas, alinhando as pessoas aos desafios organizacionais.

Esta é, pois, uma obra que valoriza a temática das recompensas numa perspetiva comportamental e fortemente associada às dinâmicas e processos motivacionais de forte predomínio do papel das lideranças nos contextos do envolvimento, *engagement* e alinhamento com os princípios, valores e propósito das empresas e dos seus contextos organizacionais.

Trata-se, também, de um manual prático muito interessante e fortemente aplicável a várias realidades, momentos e níveis de maturidade organizacional no que respeita à utilização de um conjunto de ferramentas simples, de fácil manuseamento e rápidas em termos de avaliação numa perspetiva de *quick-wins* organizacionais.

Importa, contudo, distinguir Reconhecimento de Recompensa nesta lógica comportamental!

Reconhecer é identificar, valorizar, publicitar e ampliar ações, comportamentos e atingimentos e/ou superação de metas e desafios mais ou menos alcançáveis.

Recompensar é formalizar, sob a forma de prémio ou benefício extra ou adicional, esse reconhecimento obtido. A materialização desse reconhecimento, suportado em benefício financeiro ou em algum benefício qualitativo – diretamente relacionado com o conceito de «salário psicológico» – é o que fará a diferença na hora de medir o grau de esforço extra que os colaboradores efetivamente empreendem na concretização dos tão esperados resultados.

Implementar um (ou vários!) modelo de recompensas facilitador e estimulador da chamada *extra mile* por parte dos nossos colaboradores de forma eficaz, é bem um dos nossos maiores desafios enquanto Gestores de Pessoas tendo em conta os contextos de indefinição, ambiguidade e complexidade onde as nossas empresas atuam.

O papel da Comunicação Interna nestes processos de reconhecimento e recompensa também não pode ser descorado, dado que qualquer estratégia de alinhamento e envolvimento terá de ser bem comunicada a todos e a cada um dos colaboradores das nossas empresas.

Depois, há o papel dos líderes, dos vários níveis de liderança, que têm, diria eu, aqui um «papel principal» nesta lógica de (1) comportamento desejado comunicado; (2) comportamento adotado pelo colaborador; (3) avaliação do comportamento; (4) reconhecimento do mesmo; e (5) recompensa dos colaboradores pelos seus comportamentos efetivos. Os líderes devem ser rápidos, exímios e muito pragmáticos em gerir e conduzir estas «estradas» (ou percursos) do reconhecimento organizacional.

A grande dificuldade para os Gestores de Pessoas está, usualmente, a montante do processo! Ou seja, nas fases de definição de quais os comportamentos esperados e quais os comportamentos desejados no sentido da superação, do que vai para além do desejável. No fundo, assumir e dizer claramente a cada colaborador da sua empresa o que realmente «a empresa espera de cada um», no contributo para a superação dos desafios e das metas definidas e necessárias para a sustentabilidade do negócio.

Criatividade, emoção e assertividade são, pois, competências críticas para os líderes que necessitam de impulsionar e gerir sistemas de reconhecimento eficazes nas suas empresas.

Gosto sempre de recordar um dos líderes de sucesso com quem tive o maior gosto de trabalhar e, sobretudo, de aprender ao longo da minha vida profissional enquanto Gestor de Pessoas. Ele dizia-me com alguma frequência: «Pedro, as maldades fazem-se todas de uma vez só! As bondades devem fazer-se aos bocadinhos…». Nunca dei tanto valor a estas palavras sábias como quando tive de desenvolver sistemas integrados de Gestão de Pessoas apostados numa gestão do mérito e da meritocracia nas empresas. A ideia de que o reconhecimento e as consequentes recompensas devem ser contínuas e continuadas nas empresas, apostadas nas pessoas e na perceção que estas farão disso, é uma verdade que guardo para mim como um dos «segredos mais bem guardados» na hora de produzir algo que estimule a melhoria dos desempenhos individuais e coletivos na organização.

E, de facto, é um princípio simples e basilar nos processos de gestão eficaz do Reconhecimento e das Recompensas nas nossas Empresas.

Reconhecer é focar na Meritocracia! Recompensar é premiar o Mérito dos nossos colaboradores!

O reconhecimento interno e externo é essencial e cria ambientes psicológicos ricos, positivos e desafiadores.

As recompensas atestam esse mérito e valorizam e premeiam os comportamentos e resultados de excelência!

Delicie-se com esta obra que é mais do que um simples livro sobre eficácia nos sistemas de reconhecimento. É mesmo um manual de boas práticas de Gestão!

Mãos à obra!

Pedro Ramos
Diretor de Recursos Humanos do Grupo TAP Air Portugal

Introdução

A **GESTÃO EFICAZ DE RECOMPENSAS**, a GER, é um princípio extremamente poderoso, um conceito magnífico que permite influenciar e liderar melhor e até aperfeiçoar-se. Tem nas mãos uma obra muito especial, pragmática e surpreendentemente aplicável a um sem-fim de situações quotidianas, no imediato. Ponha em prática este grande conceito, torne-se especialista na sua utilização e verá que em breve tudo correrá melhor à sua volta.

Passamos a vida a lamentar-nos porque as coisas não são bem-feitas, porque as pessoas não fazem o que deviam fazer, porque os comportamentos necessários não são assumidos e porque não acontece o que desejamos que suceda. Mas as lamúrias não resolvem nada. É preciso passar à ação para conseguir que aquilo que desejamos aconteça, e para isso teremos de começar por saber claramente como queremos que as coisas sejam, o que é preciso fazer, e não se ficar apenas pelo «assim não».

Este processo implica uma mudança de olhar, o alargamento do foco quando se gerem pessoas. Não se limitar ao que se faz mal, mas começar a reparar e apanhar cada elemento da equipa, «em flagrante», a fazer bem, e, uma vez descoberto este, motivá-lo com uma recompensa adequada para reforçar o bem-fazer.

O trabalho bem-feito e os bons comportamentos não surgem por si só, terá de os fomentar, de os manter, de os desenvolver e apreciar. Por outras palavras, trata-se de algo que deverá administrar eficazmente. Porque os maus hábitos, esses, instalam-se sozinhos, sem a ajuda de ninguém, sem que alguém se esforce por isso.

Bem-vindo à GER, uma ferramenta fantástica que o ajudará a que tudo flua melhor, a exercer uma influência mais positiva e a viver melhor, conseguindo que todos sejamos simultaneamente mais felizes e eficazes. Interessante? Então vamos começar!

PRIMEIRA PARTE

Os fundamentos da GER

POR QUE RAZÃO CADA PESSOA FAZ O QUE FAZ? Que forças incitam a que façamos uma coisa ou outra?

Sendo tão evidente que se obtêm melhores resultados e se tira muito mais proveito nas empresas, e em qualquer outro contexto, quando todos fazem bem a sua parte, devidamente articulados, e mais ainda se forem apreciados e valorizados, porque não será este panorama o habitual na maioria das empresas? Por que motivo muitas pessoas não fazem bem o que fazem e algumas, ao que parece, nem sequer estão a fazer o que deveriam fazer? Por que razão tantos se comportam de maneira inadequada, se tudo isto é tão óbvio?

A REVELAÇÃO

Num livro anterior, *O Grande Segredo da Motivação*, que Michael Leboeuf escreveu comigo, apresentava-se esta fábula:

Um pescador olhava pela amurada do barco e viu uma cobra que levava na boca uma rã que acabara de apanhar. O pescador teve pena da rã e, para a libertar, deu à cobra algumas gotas de aguardente que tinha no saco. Esta soltou a presa para lamber o líquido oferecido, e o pescador, satisfeito, viu que a rã conseguia escapar. A cobra foi-se embora, mas, nesse momento, o pescador sentiu umas pancadinhas no flanco do barco e espreitou novamente. Perante o seu assombro, viu que se tratava da mesma cobra... mas desta vez trazia duas rãs entre os dentes!

Esta narrativa contém duas lições muito importantes:

1. **Obtemos o comportamento recompensado**. Não obtemos o que desejamos ou queremos que aconteça, mas exatamente aquilo que se recompensou.
2. Mesmo quando se tenta fazer bem, com a melhor das intenções, **é muito fácil recompensar e fomentar o contrário daquilo que se deseja**. E, claro, ficamos surpreendidos por ter obtido uma repetição do comportamento incorreto, sem compreender por que razão isso aconteceu.

Isto leva-nos diretamente ao grande segredo da motivação de pessoas, que é a base essencial da GER:

Todos fazemos com muito mais empenho e motivação aquilo que nos traz uma boa recompensa.

As tarefas ou comportamentos que não trazem uma boa recompensa... pois, não são bem a mesma coisa, sendo até feitas com muito menos entusiasmo, se é que se chegam a realizar.

Este é o principal obstáculo para o sucesso das relações de produção: **O problema reside no gigantesco desfasamento entre os comportamentos necessários para que tudo corra melhor e o que realmente se está a recompensar**.

Por exemplo:

- Queremos diretores que construam empresas sólidas a longo prazo, com visão e decisões de futuro, mas exigem-se-lhes resultados e pagam-se-lhes grandes bónus pelos sucessos do ano presente, sendo os mesmos até ameaçados de despedimento se os lucros do ano, e até do trimestre, diminuírem. Consequência? Os diretores procuram que os números a curto prazo brilhem, seja lá como for, e as empresas não avançam no rumo certo. Vive-se na pressão do HOJE, mesmo que isso muitas vezes dificulte o amanhã.
- Precisamos de pessoas que velem pelos custos como se o dinheiro fosse seu, mas recompensamos concedendo orçamentos superiores e mais atenção às que mais gastam e que mais burocracia geram. Pelo contrário, os responsáveis que efetivamente olham pelos custos tirando o máximo do orçamento atribuído, e até poupando, são castigados com um corte no ano seguinte. Resultado? É preferível gastar o orçamento todo, mesmo que não seja preciso, caso contrário tiram-no-lo!
- Precisamos de funcionários que simplifiquem os processos e sejam mais eficientes, mas, se tornarem as coisas rápidas e mais simples, a segurança do seu cargo ficará posta em causa. Consequência? Mais ineficiência, mais demoras e mais processos inúteis.
- Necessitamos de equipas produtivas que trabalhem com qualidade para conseguir cada vez mais, mas não se lhes paga pelo que produzem ou pelas melhorias nos resultados, apenas com um vencimento mensal pelas horas trabalhadas, ou seja, pelo tempo que passam no posto de trabalho. Os aumentos de salário surgem apenas quando protestam, mas não recebem mais ou menos consoante a rentabilidade do produzido ou os benefícios do seu esforço. Resultado? Muita gente trabalha apenas até ao nível esperado e não tem qualquer impacto nos resultados da empresa.

Isto acontece por todo o lado. Contudo, se os diretores, os chefes ou os funcionários de base se comportam incorretamente, não é por ignorância, falta de critério ou tolice. Comportam-se tal como o sistema de recompensas existente os induz a comportarem-se. De tal maneira que é muito possível que, se eu e o leitor estivéssemos no seu lugar, faríamos o mesmo.

Observe à sua volta e decerto encontrará exemplos de como o comportamento correto é ignorado, e mesmo desincentivado, ao mesmo tempo que se premeia e incentiva o comportamento errado. Já alguma vez assistiu ao seguinte:

- Necessitamos de melhores resultados, mas premeia-se quem finge estar mais ocupado ou quem fica mais tempo depois do horário normal, sem ninguém verificar se trabalhou bem ou mal, e faz-se cara feia aos profissionais eficazes que saem à hora certa, sempre com o trabalho em ordem e bem-feito.
- Exige-se trabalho minucioso e de qualidade, mas fixam-se prazos absurdos, pedindo-se tudo sob pressão de tempo e custos.
- Reclama-se o cumprimento de planos, valores, qualidade e compromissos, mas premeia-se quem obtém resultados sem ter cumprido nenhum dos valores ou ter feito as coisas dentro do acordado. No fim, olha-se apenas para os números, sem apreciar a qualidade do esforço e o trabalho realizado.
- Fala-se muito de fidelidade à empresa, mas, quando há um cargo a preencher, normalmente contrata-se alguém de fora e pagam-se salários mais altos do que aos funcionários mais antigos.
- Exige-se simplificação e eficácia, mas recompensa-se quem complica os assuntos, quem põe toda a gente em xeque e multiplica as trivialidades.

- Pretende-se um bom ambiente profissional, mas mantêm-se no local de trabalho as pessoas que lesam esse clima porque se consideram apenas os resultados obtidos e não os prejuízos.
- Procuram-se pessoas determinadas, mas favorecem-se as que mais se queixam e descartam responsabilidades sobre os outros, em vez das que cumprem e resolvem.
- Precisa-se de colaboradores criativos e pede-se inovação, mas reprime-se quem ousa divergir e penalizam-se os que assumem riscos, recompensando quem nunca questiona nada.
- Proclama-se o valor de trabalho em equipa, mas depois premeia-se individualmente quem teve bons resultados nos números finais e esquecem-se os que ajudaram e participaram nesse êxito.
- Queremos pessoas que se entreguem ao trabalho, mas negligenciam-se as que realizaram um esforço intenso e impecável, mesmo que no fim os seus números não brilhem, precisamente porque muitas vezes partiram de objetivos incorretos.

Certamente já viveu várias destas situações, porque são erros que ocorrem na maior parte das empresas. A melhor solução para melhorar as organizações consiste em estabelecer a relação adequada entre o bom rendimento e as recompensas. Quando pensamos no sucesso de uma organização, normalmente concentramo-lo no dinheiro, no lucro, mas os números são apenas o resultado do comportamento coletivo das pessoas que a constituem.

Se todos fizermos bem aquilo que nos cabe, os resultados serão sempre os melhores.

Descubra os funcionários que fazem o correto, premeie esses comportamentos através da GER e obterá os resultados que deseja. Se deixar de o fazer, o mais certo é obter resultados ainda piores. Às vezes, os números são bons, apesar do modo como as coisas foram feitas. Consegue imaginar como poderiam ter sido se se tivesse feito tudo bem?

Esta realidade também se verifica na vida familiar:

- Os pais querem que os filhos colaborem nas tarefas domésticas, mas, quando estes o fazem, não recebem qualquer comentário positivo e, quando não o fazem, são ameaçados com castigos e consequências que na maioria das vezes não se concretizam.
- Querem que os filhos sejam sinceros e lhes contem tudo, mas, quando o fazem, julgam-nos e sujeitam-nos a longos sermões relativos ao seu comportamento.
- Desejam que os adolescentes sejam pontuais na hora de acordar ou que saiam de casa a horas, mas, quando não o fazem, dizem-se muitas palavras «a quente» e depois nunca se veem as consequências. Claro que, assim, o melhor é contar com o mínimo.
- Procura-se fomentar que sejam capazes de gerir o dinheiro que se lhes dá periodicamente, mas, quando o gastam antes do tempo, cede-se-lhes um extra ou paga-se-lhes o táxi ou o cinema. Do mesmo modo, se não tiverem poupado ou feito o menor esforço para conseguir dinheiro por si próprios com pequenos trabalhos ou se não se tiverem esforçado por vender as senhas da escola para ajudar a pagar uma viagem, acaba por se lhes pagar a viagem, nunca lhes faltando nada, mesmo que não o tenham ganhado. Para que se hão de maçar com questões de dinheiro se no fim cobrem sempre os gastos?
- Quando nos aborrecemos com desobediências ou mentiras, falamos em castigos de longo prazo, como não sair alguns

fins de semana ou não ir a determinada festa, mas estes depois diluem-se e, na sua maior parte, não se cumprem. Sai barato não cumprir.

- Queremos que tirem boas notas, mas, se o fazem, não há recompensa alguma, nem felicitação sincera pelo esforço, como se fosse uma obrigação sem mérito. Contudo, para os que não trabalharam e tiram más notas, o castigo mal dura umas duas semanas depois da publicação das classificações e até lhes arranja um explicador e ajuda adicional, tudo muito caro. Quase compensa tirar piores notas.
- Perdem ou partem o telemóvel ou o *tablet* por descuido e desatenção, mas estes são logo substituídos. Querem um telefone novo? Perdem-no. Alguns dias de sermões em casa e, passado pouco tempo, arranjam um melhor do que o que tinham, dos pais, do avô, do padrinho…
- Queremos que comam a uma hora certa com todos à mesa, mas, se começarem a comer mais cedo, não se lhes diz nada e, se chegarem mais tarde, aquece-se-lhes a comida sem comentários. Por outras palavras, premeia-se não fazer o que se pede.
- Queremos que o nosso companheiro nos mime e nos encha de atenções, mas, quando tem bom gesto agradável, nem um simples «Adoro o que fizeste, és o máximo» lhe dizemos.

A GER afeta todos os âmbitos e é aplicável onde quer que se deseje fomentar um bom comportamento e eliminar o contrário.

AS TRÊS PERGUNTAS MÁGICAS

À medida que envelheço, presto menos atenção ao que dizem as pessoas e reparo mais no que fazem.

ANDREW CARNEGIE

A responsável pelo refeitório da escola dirigiu-se às crianças e disse-lhes com firmeza:

— Quem se levantar da mesa durante o almoço ficará sem sobremesa.

— O que é a sobremesa, professora? — perguntou Tomás, um dos meninos.

— Hoje temos pudim de passas com natas azedas.

Tomás recebeu a notícia com horror. Adivinham o que fez de imediato? Efetivamente, levantou-se, contornou a mesa e, para inveja da maioria dos colegas, conseguiu que «o castigassem» e evitou comer aquela mistela. Não é necessário ser formado em Psicologia para perceber por que motivo o Tomás fez o que fez.

Basta fazer a **primeira pergunta mágica da GER**:

O que estamos a recompensar?

Os diretores, os trabalhadores, os professores, os pais, os políticos, todos influenciamos de forma determinante o comportamento de quem nos rodeia de acordo com o sistema de recompensas que aplicamos. O Tomás percebeu como funcionava esse sistema e, de seguida, aproveitou-o em seu benefício.

Vejamos duas perguntas sobre o mundo profissional:

Os trabalhadores tentam produzir menos do que poderiam produzir?

Parece que em muitos casos assim acontece.

Acaso já não existe a honestidade, a capacidade, o compromisso ou a inteligência dos trabalhadores?

Claro que existe.

Se todos quisermos trabalho estável e de qualidade, por que motivo tantos trabalhadores não se mostram dispostos a produzir de forma estável e com qualidade? Façamos a pergunta mágica: O que estamos a recompensar? E obteremos a solução.

As pessoas não aplicam os seus melhores esforços porque verificam que a relação entre envolver-se para realizar melhor as tarefas e a recompensa que recebem em troca é escassa ou nenhuma. Este é um problema partilhado pela maior parte da população.

Como disse uma vez um profissional qualificado de uma empresa: «Há alguns anos, vi que a diferença entre matar-me a trabalhar ou fazer apenas o essencial era, depois de retirados os impostos, de 1,5% do meu salário e que, ainda por cima, ninguém me valorizava por isso. Assim, agora, em vez de apontar para o máximo realizável, faço o mínimo suficiente, e pelo menos vivo mais relaxado.»

A questão da regulação dos esforços é um problema, mas não é mais do que a ponta do icebergue. Se se comparar o comportamento que desejaríamos com aquele que recompensamos, revela-se claramente o facto seguinte: **em muitas organizações abundam os incentivos negativos**. Existe um sem-fim de recompensas que orientam o comportamento antiprodutivo. Para ilustrar este caso, vejamos duas situações comuns:

1. Na fábrica:

Há alguns anos, uns diretores foram visitar uma empresa estrangeira que, incompreensivelmente, lhes estava a fazer uma concorrência brutal. Ficaram maravilhados com a motivação, o entusiasmo e o interesse que aqueles operários manifestavam e perguntaram-se: *Por que motivo os nossos não são assim?*

Nessa «estranha» empresa, os operários competentes tinham o lugar praticamente garantido, e nunca se despedira ninguém competente. Todos tinham 60% do seu salário como fixo, e o resto dependia da produtividade e da rentabilidade da empresa. Se as coisas corressem bem, todos participavam da prosperidade. Se não corressem bem ou o mercado estivesse em crise, ganhavam menos, mas todos partilhavam as consequências para que se conservassem os postos de trabalho nos tempos mais difíceis. O seu modo de vida não estava ameaçado pelo advento de nova tecnologia ou por uma melhoria dos processos. Se uma automatização eliminasse cargos, reeducavam-se os afetados para que pudessem fazer outras coisas, e estavam todos sempre abertos e dispostos a aprender e a mudar de função, inclusive para se voltarem para trabalhos comerciais ou formativos. Portanto, participavam com agrado na descoberta de novos meios para que a empresa fosse mais produtiva e os produtos melhorassem em qualidade e custo, porque assim cresciam e conseguiam mais lucro, além de que todos ganhavam mais. Em suma, tudo recompensava a fidelidade e o aumento da produtividade.

Em contrapartida, na fábrica desses diretores, trabalhava-se com um sistema de recompensas muito diferente. Havia pouca ou nenhuma segurança no trabalho, e, quando as coisas se tornavam difíceis, despediam-se logo os operários mais recentes, por representarem menos despesa, e reformavam-se antecipadamente os que ultrapassavam determinada idade, embora muitos deles fossem os melhores, ou seja, os que haviam revelado mais lealdade e contribuíam com mais experiência. Os diretores adoravam dizer «Aqui ninguém é imprescindível», o que soava claramente ao seguinte: «Aqui não se valoriza ninguém.» Na sua maioria, não recebiam qualquer percentagem pela qualidade, pela quantidade e pela rentabilidade do que se fabricava ou em função das vendas ou dos lucros; eram pagos à hora. Assim sendo: recebem uma boa recompensa por serem mais produtivos? Não. E, para conseguirem aumentos ou melhores condições restava apenas, como recurso, a greve, isto é, aplicar medidas antiprodutivas. Os sindicatos tinham grande influência no que dizia respeito à falta de credibilidade e empatia da direção em relação ao pessoal. Um robô ou uma digitalização de documentos eram possíveis substitutos dos funcionários ou de um colega, e evidentemente estes operários não tinham interesse na melhoria dos processos ou na implementação de novas técnicas, visto que representavam uma clara ameaça ao seu modo de vida. Nunca seria um operário a sugerir qualquer ideia nesse sentido! Os seus incentivos consistiam em produzir o mínimo aceitável para não perderem o emprego, em complicarem as coisas para que os seus cargos profissionais fizessem mais falta e em defenderem o seu departamento contra todos os outros. Por que motivo assim acontecia? Estariam menos preparados do que os outros? Claro que não, mas todo o sistema de recompensas os impelia a agir assim.

Os diretores, perplexos, viram a sua empresa acabar por ser varrida do mercado, ao mesmo tempo que assistiam ao sucesso de outra empresa, que parecia ter uma «sorte surpreendente».

2. No escritório:

A ineficácia dos centros de produção tem um concorrente feroz, e esse inimigo chama-se burocracia. Por mais meios, rapidez e informação que a tecnologia nos dê, por mais intrincados que sejam os caminhos que qualquer ação encontre, qualquer iniciativa, para não falar em mudança, destrói o moral do mais entusiasta. Devido à burocracia, a enfermeira passa mais tempo a preencher formulários do que a atender os doentes. Os vendedores perdem um sem-fim de horas a escrever papelada para justificar as visitas, as folhas de despesas, as aprovações de ofertas, a fazer relatórios, reuniões de controlo, etc. Os diretores investem mais tempo a preencher papéis, a ler e a responder a mensagens eletrónicas, a assistir a reuniões inúteis, a resolver conflitos originados por disputas entre departamentos e a apagar fogos, em vez de se concentrarem em ouvir as suas equipas e os seus clientes e a dirigirem as suas áreas. Existe uma tendência esmagadora para os vários departamentos darem trabalho uns aos outros, mas sem fazerem nada de produtivo.

Numa empresa, calculou-se que o escritório central teria trabalho interno para um ano, mesmo que não entrasse um único pedido de um cliente nesse período. Porquê? Mais uma vez, a pergunta mágica: O que estamos a recompensar?

Temos tanta papelada, obstáculos e tarefas desnecessárias porque recompensamos quem lhes dá origem. Os indivíduos que passam mais horas no trabalho (que não são necessariamente os que trabalham mais), os que escrevem relatórios mais longos e com cópia para mais pessoas e os que convocam mais reuniões e comissões são muito mais visíveis e, portanto, têm muito mais probabilidade de serem recompensados pela sua aparente atividade e esforço do que quem simplesmente diz: por que se há de passar por tudo isto quando basta fazer diretamente, desta forma? E passam imediatamente à ação.

O chefe de nível médio que gera um grande volume de relatórios e circulares recebe normalmente uma promoção, um acréscimo orçamental e até pessoal auxiliar necessário para poder dar vazão a tão colossal atividade. Pelo contrário, outro de categoria equivalente que, sem tanta algazarra, se limite a fazer o seu trabalho e a reduzir ao mínimo as tarefas sem valor sujeita-se a ser considerado menos dinâmico e a que se diga que não faz grande coisa.

Quando uma organização começa a olhar com maus olhos quem confunde presença e movimento com eficácia e rendimento e a apreciar quem é capaz de obter bons resultados com os recursos certos, enquanto ganha o respeito e o prestígio de todos, irá decerto prosperar. E a papelada, por mais digitalizada e informatizada que esteja, é como uma bola de neve, cresce e enche-se de atividades que acabam por se tornar «imprescindíveis» por si mesmas. Toda a gente se queixa do excesso de papel e de um absurdo de trabalho, mas, enquanto continuar a receber o seu prémio, assim continuará.

3. Por toda a parte:

O mundo empresarial não é o único a acusar este desfasamento entre o necessário e o premiado. Podemos ver muitos exemplos à nossa volta. Na política, no lar ou no ensino público. Como se paga aos professores, sejam eles do ensino básico ou secundário ou da universidade? Pouco e com um nefasto sistema de recompensas. Tal como um vendedor se mede pelas vendas realizadas, um professor deveria medir-se pelos alunos que aprendem. No entanto, estes não são premiados em função das classificações dos seus alunos em exames realizados por terceiros independentes; paga-se-lhes um salário fixo, reduzido, com base na sua categoria profissional de convénio, na antiguidade e noutros critérios administrativos.

Resultado? Um professor péssimo pode ganhar mais do que outro que seja melhor na sua profissão e que se entregue mais à causa e até ter prioridade quanto à área de colocação ou do horário. De facto, por vezes acontece que, quando um professor entusiasta chega a este contexto profissional, é frequentemente afastado por outros, visto que lhes retira visibilidade. Para quê fazer mais pelos alunos ou pela instituição se a única recompensa será trabalhar mais e ter problemas com os pais e com a direção?

Em muitas universidades respeitam-se especialmente os catedráticos mais duros, que reprovam todos os anos uma grande percentagem de alunos, quando o natural seria despedi-los imediatamente por serem incompetentes. Para progredirem na carreira ou terem mais prestígio, os professores têm de realizar pós-graduações, ser aprovados com distinção em teses ou publicar investigações, ou seja, tudo menos ensinar e formar bem. O que se está a recompensar nestes casos?

CONCLUSÃO

Dê uma olhadela às nossas organizações, em todo o mundo que nos rodeia, e faça a pergunta mágica. É fácil compreender por que motivo os planos mais bem concebidos se desviam dos seus objetivos. Não é que os operários sejam preguiçosos, os funcionários de escritório complicados ou que os dirigentes estejam loucos. É o sistema de recompensas que precisa de um ajustamento urgente. Como o pescador da história anterior, por vezes premiamos o que não deveríamos, e, como a cobra, às vezes premeiam-nos e levam-nos a fazer o que não devíamos fazer.

É evidente que, seja qual for o sistema de recompensas, **há sempre uma série de pessoas que trabalham de forma brilhante e outras que o fazem de forma deficiente**. E a verdade é que o rendimento das pessoas também depende de outros fatores, como as aptidões e atitudes pessoais, as necessidades, o profissionalismo, os valores e a vocação. Mas estes são os fatores que é muito mais difícil influenciar a partir da organização ou da direção. Em contrapartida, o sistema de recompensas pode ser gerido e melhorado, e a maior parte das pessoas reagirá de forma muito positiva se este aspeto for bem administrado. Da próxima vez que não perceber por que motivo as pessoas se comportam de determinada maneira, faça a pergunta mágica e verá de seguida como se aborda a questão. E, agora que já está preparado para pôr a GER em prática, deverá fazer **a segunda pergunta mágica da GER**:

O que devo recompensar?

O que preciso de alcançar? O que quero que aconteça?

Este é o segredo para bem direcionar as recompensas e criar o sistema ideal. Observar e ver os outros fazerem precisamente o que deverão fazer, fazerem o correto, e recompensá-los para instigar e reforçar esses comportamentos.

Contudo, antes de aprofundar este aspeto, é essencial esclarecer o que é recompensar, que recompensas existem ao nosso alcance e como se usam corretamente. E esta é **a terceira pergunta mágica da GER**:

Como posso recompensar?

Ora, começaremos precisamente por esta questão na parte que se segue.

SEGUNDA PARTE

Como recompensar eficazmente?

Não se recusa meio peito a quem conseguiu um frango inteiro.
R. G. H. Siu

CONSIDERAMOS QUE PRATICAMENTE não temos instrumentos para poder recompensar e não vemos nem captamos tudo o que está ao nosso alcance para o fazer, mas é surpreendente descobrir as enormes possibilidades que existem e que estão muito mais perto do que se pensava. Vejamos agora os tipos de recompensas existentes e esclareçamos esta questão tão importante:

Como posso recompensar? Que ferramentas e recursos existem e possuo para premiar o bom comportamento? Para muitos, esta é uma das grandes dificuldades, pois, mesmo querendo recompensar, limitamo-nos a pensar que está fora das nossas capacidades conseguir os prémios que certas ações e pessoas merecem, visto que os orçamentos são limitados e muitas vezes não se dispõe dos poderes ou das circunstâncias necessários para pagar mais ou promover alguém, em consonância com os seus méritos.

E aqui surge outra das grandes revelações que pressupõem uma imensa ajuda para a gestão eficaz de equipas: **há um sem-fim de maneiras de recompensar que estão ao alcance de quase todos** e permitem pôr em prática a GER em toda a plenitude… e que na sua maioria representam custos mínimos ou nulos!

Ora, para começar a pôr a GER em prática, é crucial assumir um dos segredos para a utilização eficaz das recompensas:

Tão importante, ou mais, do que «O QUE SE DÁ» é o «MODO COMO SE DÁ».

Qualquer recompensa concedida em que a forma seja descurada ou esteja errada não só pode impedir de obter o efeito desejado, como até provocar uma reação negativa.

Numa empresa muito grande, os diretores decidiram surpreender com um pagamento feito a todos os funcionários como prémio de bons resultados por esse ano. A notícia chegou sob a forma de rumor, visto que ninguém tratou de a comunicar de forma oficial e coordenada. Finalmente, passado um mês, todos notaram nos respetivos recibos de vencimento o pagamento de um valor adicional e perceberam de seguida de que se tratava da mesma quantia para todos os funcionários, fossem eles quem fossem, tivessem o cargo que tivessem e fosse qual fosse o modo como tivessem trabalhado. Resultado? Revolta generalizada, deceções, perda de credibilidade da direção e uma despesa inútil!

Não se trata tanto de quantidade quanto de qualidade. **Uma recompensa, seja sob que forma se apresente, contém uma elevada carga emocional**, é uma manifestação de apreço, é o reconhecimento por um bom trabalho e por isso deve assumir as formas adequadas para que cumpra o efeito ansiado.

Uma empresa importante tinha um grave problema de rotação de funcionários de qualidade, e um diretor de topo dizia-me com grande soberba e toda a naturalidade: *Aqui exige-se imenso às pessoas. Sabemos que as apertamos bastante para que deem o melhor, mas, quando um chefe consegue os resultados esperados, não é aplaudido. Para quê? É uma tolice. Aqui dá-se dinheiro e pronto!* Já perceberam porque tinham o problema de rotação? O dinheiro não faltava, porque se pagava bem, mas rapidamente deixava de compensar a falta de valorização profissional, o tratamento desagradável, a pressão excessiva sem apreço e a claríssima falta de estilo da direção. Não se iam embora pelo dinheiro, **iam porque, por esse valor, já não compensava suportar aqueles chefes**.

Outro segredo fundamental para a gestão eficaz de recompensas é **ter bem presente o poder das expectativas**. Se se der um prémio uma vez, sem matizar bem o motivo, sem apresentar as explicações necessárias, é mais do que provável que da próxima vez se espere o mesmo e muito mais. E o efeito positivo do que se oferece hoje transformar-se-á na semente do desagrado de amanhã. O mesmo acontece quando as recompensas são fixas e repetitivas, visto que, para a mente daquele que a recebe, passam a fazer parte da remuneração fixa, um direito adquirido, e já não produzem qualquer efeito motivador. Pelo contrário, se diminuir ou não satisfizer as expectativas criadas, esta retribuição será muito desmotivadora! Também acontece frequentemente deixar-se a equipa imaginar recompensas superiores àquelas que realmente serão oferecidas, pelo que o efeito final será dececionante. Aqui convém aplicar um princípio básico na vida: **«Nunca prometa o que não sabe se poderá cumprir.»** É preferível adiantar que será pouco e depois surpreender com mais do que o caso contrário. E acrescentaria outro segredo para liderar com credibilidade: recompensa ou **promessa que não possa pôr por escrito não deve ser referida!** Quando surgir, apresentar-se-á como algo inesperado e, se no fim não se puder dar nada... ainda bem que não se antecipou o que depois não foi possível concretizar!

Um empresário contava, desconcertado, que há dez anos oferecia um bónus equivalente a quase mês e meio de salário a todos os técnicos da empresa se se alcançassem os objetivos, algo que sempre ocorrera. Além disso, aos funcionários de base entregava, ao fim de ano, um «envelope» com dinheiro que equivalia a uma mensalidade. Não compreendida por que motivo os técnicos já não lho agradeciam como um extra, mas o tomavam como pagamento fixo de janeiro. Também se aborrecia pelo facto de os funcionários se queixarem dos salários: «Entre o salário e o envelope anual, obtém-se uma quantia muito competitiva!», respondia-lhes, surpreso. O que este empresário não compreendia é que **as recompensas devem ser entendidas e apreciadas pelo recompensado** e, portanto, adaptadas às suas preocupações e à sua maneira de as encarar.

A maioria dos funcionários de base mede o salário pelo valor que lhes chega a casa a cada pagamento. O habitual é comentarem com os amigos: «Ganho tanto por mês» ou à quinzena, e não «O meu salário é de tanto bruto ao ano, incluindo um extra no Natal ou nas férias e alguns bónus». Estas são as contas que o empresário ou o diretor faz, visto que avaliam os custos. Mas muitos administrativos, técnicos e operários entendem como salário apenas o que no fim lhes chega a casa de forma regular, a cada mês, o resto são «extras que não contam». Para eles, portanto, um pagamento pontual equivalente a duas mensalidades será fantástico... por alguns dias, visto que depois verão (e continuarão a sentir!), que o irmão ou a amiga «ganham mais 5% que eles», embora seja provável que, se contassem realmente tudo o que recebem por ano, isso não seria verdade.

Se este empresário eliminasse o «envelope anual» e aumentasse o salário mensal a todos em 7% como antecipação de uma percentagem pelos bons resultados, comunicando-o pessoalmente como sinal de apoio e reconhecimento pelo seu envolvimento na empresa, deixaria quase todos felizes e teria um efeito mais duradouro. E, além disso, pouparia dinheiro! E disse *quase todos* porque terá de se assumir à partida outro grande conceito essencial para a implementação da GER:

É impossível satisfazer sempre toda a gente, em tudo.

Nem tente! Relaxe e descontraia. Por muitas voltas que dê à cabeça, nunca encontrará a fórmula perfeita e infalível de recompensar deixando todos contentes. Talvez esse seja um dos atrativos das recompensas, que têm sempre de ser reinventadas. Assim, limite-se a fazer o que for correto e perceba que, com aquilo que faz, satisfaz a maioria, especialmente os melhores.

Mas, cuidado, porque isto não acontece apenas a este nível. São cada vez mais as chefias médias e os diretores a quem se pergunta quanto ganham que respondem «tanto ao ano, ao todo». E, se continuar a perguntar, descobrirá que, além dessas quantias brutas, têm um seguro de saúde de qualidade, um seguro de vida, contribuições para um plano de pensões, subsídio de alimentação, telemóvel, uma determinada quantia para despesas várias, carro da empresa, etc. Mais de um empresário ficaria perplexo se soubesse que, quando se lhes pergunta porque não somaram tudo como parte da sua remuneração, muitos respondem coisas como «a empresa dá-me o carro, não o conto como parte dos meus ganhos». De facto, sei que, em algumas empresas que usam diversas fórmulas de complementos remuneratórios em espécie fiscalmente vantajosos para o beneficiário, muitos dos seus diretores não sabem realmente o que ganham, muito menos o que custa tudo aquilo que recebem! Que desperdício todas estas recompensas que não são apreciadas como tal!

Se todos os trabalhadores soubessem o custo total que realmente representaram para a empresa, todos os anos, com a contribuição para pensões, Segurança Social, impostos, formação, etc., a maioria ficaria surpreendida e talvez até ruborizada. Mas ninguém lho diz, veem apenas um arrevesado recibo de ordenado, complexo e cheio de números incompreensíveis, que subtraem aqui e ali e que, no fim, «retiram dinheiro», para deixar uma quantia muito inferior, que é a que chega a casa.

Se organizar um jantar para recompensar uma equipa de trabalhadores que cumpriram bem uma tarefa, talvez um deles não goste do restaurante escolhido, a outro esse dia tenha calhado mal, outro o tenha achado pobre, ou demasiado requintado, seja lá o que for! Pare de tentar satisfazer todos, não ponha essa carga em cima de si nem permita que isso o limite. Se a coisa tiver sido bem-feita e de coração aberto, a recompensa será devidamente recebida pela maioria.

Insisto: recompensar bem não é uma questão de quantidade, mas de qualidade e de oportunidade. E para isso nada melhor que a imaginação e o desejo de bem-fazer. Todos podemos recordar um presente muito especial que alguém um dia nos deu, e recordamo-lo pela atenção que representou, pela forma como no-la deram ou pelo mérito que teve incomodarem-se a procurá-lo para nós. E é possível que recordemos muito vagamente e sem qualquer emoção como nos deixou indiferentes um presente muito mais dispendioso que alguém nos enviou por compromisso, sem alma e sem carinho.

10 + 1 PRÉMIOS EFICAZES

Vamos agora ver dez modelos de recompensas muito eficazes e universais que, bem utilizados, representam prémios significativos e estimulantes.

PRÉMIO 1: O DINHEIRO

Falando de forma clara, é evidente, no mundo atual, que o dinheiro é necessário, representa influência, segurança e, de alguma forma, a medida do sucesso e do prestígio. O dinheiro é um prémio magnífico. Alguns pensadores referem que se está a exagerar a utilidade do dinheiro como incentivo. E, como tudo, isso depende. O dinheiro é a prioridade absoluta quando falta, quando não chega até ao fim do mês ou quando se recebe menos do que é costume pelo mesmo cargo no setor. Se um bom trabalhador ganhar claramente menos do que cabe ao seu posto e a empresa em que trabalha der bons benefícios, dificilmente apreciará ou entenderá qualquer incentivo que não seja ajustarem-lhe o salário à média da quantia auferida na sua área.

Ora, a partir daqui, se a nossa equipa já receber um salário digno e alinhado com o mercado, o «peso» do dinheiro como elemento motivador começa a perder efeito de forma espetacular. Recentemente, uma empresa de serviços financeiros instalou uma fantástica ferramenta informática de apoio comercial.

Com efeito, esta ferramenta pressuporia uma ajuda imensa para a força de vendas. Além disso, contratou-nos para dar a melhor formação existente para que a rede comercial melhorasse e tivesse uma preparação de qualidade. E, para implementar o novo processo, pensaram em oferecer um prémio em dinheiro a quem usasse o novo sistema, para recompensar pelas mudanças que teriam de assumir. Felizmente, decidiram fazer um teste-piloto reduzido antes de transferir o sistema para toda a empresa. Como imaginam, a promessa do incentivo financeiro não serviu para nada, além de ter destruído o magnífico plano de impulso comercial. Porquê? Porque a mensagem que a rede recebeu ao «ter de compensar» essas mudanças foi a de que não eram boas, e todos os componentes da rede comercial captaram a ideia e acolheram o plano com recusa e hostilidade. Supondo que a ferramenta era boa e representava um grande avanço comercial, não seria incentivo suficiente que a sofrida rede de vendas se visse dotada de uma enorme melhoria informática que resolvia muitas das suas tarefas e que se apoiasse nos funcionários com a melhor formação do mercado? O que mais haveria a recompensar? Assim sendo, todos aprenderam com o erro e passaram a comunicar muito bem o plano de ação, a demonstrar que a empresa estava com eles e por eles e que, finalmente, iam ter as ajudas tecnológicas que desejavam. Todos assumiram o plano com alegria, sentindo-se reconhecidos e valorizados ao compreenderem o esforço de investimento que estava a ser feito para os apoiar. E estavam muito satisfeitos porque viam que, graças a estas mudanças, trabalhariam melhor e venderiam mais, obtendo assim mais comissões e trabalhando com menos pressão. A recompensa inicial em dinheiro não era a questão, neste caso.

O dinheiro é uma poderosa ferramenta de recompensa, porque a melhor avaliação que se pode dar a um profissional é um aumento de salário. Numa época de remuneração variável, a verdade é que a sociedade nos mede pelo recibo de ordenado: na altura de pedir um crédito, de reconhecer a liquidez para assinar um contrato de aluguer, etc., o que conta é o salário fixo. De nada serve apresentar a declaração de IRS, que prova que se ganha duas ou três vezes o que o recibo de vencimento mensal indica. É por isso que, se falarmos de dinheiro sem mais, o melhor é começar a concentrar-se nos salários fixos, no rendimento mensal.

A tal ponto que, em muitas ocasiões, uma forma de oferecer uma recompensa marcante a um profissional de excelência, daqueles que nunca falham, é integrá-lo e antecipar-lhe uma parte importante do valor extra sob a forma de bónus distribuído pelo seu salário mensal. Curiosamente, para a empresa isso não implica maior custo real, mas prepare-se para ver o efeito que terá na outra pessoa! **Se quiser fidelidade e envolvimento, comprometa-se com quem merece**.

O que se passa é que o dinheiro como prémio é enganador, traiçoeiro e fonte de litígio. A alegria do dinheiro dura apenas alguns dias e causa problemas indiretos, visto que nas organizações é sempre polémico que haja distinções monetárias claras entre trabalhadores do mesmo nível ou departamento, o que estabelece limitações importantes. Se os níveis salariais já forem adequados e justos, é preferível reservar este recurso para prémios pontuais, de modo a ter orçamento para usar outras fórmulas, para subir salários ou para estabelecer incentivos ou comissões relativas a resultados concretos. Usá-lo mal é desastroso… e sai caro!

Por outro lado, a maior parte dos chefes não pode usar o dinheiro como recompensa, visto que têm uma quantia limitada para distribuir ou nem sequer dispõem de qualquer orçamento para o efeito ou de poder para conceder um valor adicional. Mas isso não exime do dever de pôr a GER em prática, pois **basta que não possamos oferecer dinheiro para sermos**

especialmente hábeis e generosos na boa utilização de todos os outros recursos. Se não for o dono da empresa, joga com uma vantagem adicional: no fundo, a sua equipa sabe perfeitamente que não pode pagar mais, mas, se virem que se poupa nas restantes formas de apreciar o seu trabalho, o pior que pode acontecer é lamentarem que a empresa não lhes possa dar mais, mas continuarem satisfeitos ao seu lado. Contudo, se a equipa vir que não há dinheiro, ou que não é fácil consegui-lo, mas que, para além disso, o chefe é um grande mesquinho, poupando tudo o que tem ao seu alcance, então o problema não é o dono ou a empresa: O PROBLEMA É SEU!

PRÉMIO 2: OS ELOGIOS

Embora o dinheiro possa ser um incentivo poderoso, a força de um elogio bem aplicado é ainda mais eficaz e indiscutivelmente mais acessível. Não espanta verificar que as pessoas trabalham muito melhor quando o prémio consiste em sentirem-se apreciadas, valorizadas e importantes.

Um bom elogio, uma felicitação sincera, custa pouco ou nada, e, tal como o dinheiro, todos somos recetivos a eles. Como se pode premiar por meio de elogios? O primeiro ponto consiste em saber o que é e o que não é um elogio ou uma felicitação bem-feita. Por exemplo, confunde-se com frequência «agradecer» com felicitar, mas não correspondem ao mesmo. Se um colaborador tiver feito um bom trabalho ao desenvolver um projeto, quando o chefe lhe diz «Muito obrigado pelo relatório, pelas vendas ou pelo trabalho», dentro de si travar-se-á um debate inconsciente, pensando aquele, desconcertado: «O meu chefe é muito cordial, mas obrigado porquê? Será que me está a usar para ele próprio ganhar alguma coisa?» É inclusivamente provável que fique com a sensação de que o seu chefe lhe deve algo, porque, se lhe agradeceu, o funcionário deve ter-lhe feito um favor e, portanto, ele estará «a dever-me uma». Quando esse chefe lhe tiver agradecido mais algumas quantas vezes por outros esforços oportunos, um dia o colaborador irá dizer-lhe (ou pelo menos sentir): «Menos agradecimentos e mais pagamentos, porque aqui há muita cortesia, mas pouca valorização!»

Agradecer não é elogiar nem felicitar. Não se deve confundir a amabilidade, que é excelente mas não é um reconhecimento ou uma recompensa, com o que efetivamente o é: os bons elogios. Se esse mesmo chefe lhe disser, de coração «Bom trabalho, muito bem-feito!», o trabalhador esboçará um sorriso e sentir-se-á valorizado, recompensado e orgulhoso de si mesmo... e do seu chefe e irá gostar de voltar a merecer esse comentário. Pode até sentir-se agradecido ao seu chefe pela atenção de reparar no facto e de lho dizer. Que estranho! Agora quem tem vontade de dizer «obrigado» é o elogiado. Que efeito emocional tão diferente!

O que acontece é que *agradecer* é muito mais confortável para qualquer chefe do que elogiar realmente os seus colaboradores. Felicitar abertamente é admirar o trabalho que outros fazem, obriga a não ser egoísta, a dar apreço, a aplaudir, e isso já não é tão simples como parece. Porque o ego nos trai e nos impede de usar bem esta poderosa e aparentemente simples ferramenta de motivação e direção. Felicitar custa mais do que parece. O que surge como melhoria em todos os inquéritos acerca do ambiente de uma empresa? *A falta de reconhecimento.* Nunca conheci um bom trabalhador que diga: «Estou aborrecido porque na minha empresa me felicitam muito», mas vi um exército de trabalhadores desmotivados que dizem: «Aqui é impossível felicitarem-me, faça eu o que fizer».

Lawrence Meter disse: «A humanidade divide-se em dois tipos de egoístas: de um lado estão os que reconhecem que o são e do outro, todos os restantes.»

Para aprender a elogiar bem, a primeira coisa a fazer é aprender a ver o que os outros fazem bem. E, sim, digo aprender porque não se trata de algo natural no ser humano, e menos ainda se ocupar uma chefia. Terá de começar por observar de uma forma diferente, por não ver apenas o mau (pois, para isso, sim, temos uma fantástica habilidade natural), mas por ser justo no aplauso, por perder a vergonha absurda de dizer aos outros: «Fizeste isso mesmo bem!»

Terá de se esquecer de que, no fundo, o que queria era que o felicitassem com mais frequência, porque os pais, os chefes ou os professores que teve talvez nunca o tenham feito e por isso as referências emocionais de algo tão belo, simples e poderoso como reconhecer e felicitar bem quem o merece estão tão mal formadas.

Como é possível que nos custe tanto felicitar o trabalho bem--feito, se além disso sabemos que isso redundará em satisfação para o outro, para nós próprios e num maior rendimento? Estranhos, absurdos e complexos bloqueios do ser humano. É por isso que, incrivelmente, temos de dizer mais de uma vez para nós mesmos: ATREVE-TE A FELICITAR, DIZ-LHE ALGUMA COISA, MERECE, APROVEITA!

Sim, é preciso usar bem esta ferramenta para não a desperdiçar. **Felicitar é uma ferramenta de precisão**. Felicitar por felicitar acaba por ser a forma certa de matar esta poderosa ferramenta de motivação. É importante que o felicitado entenda porque está a ser valorizado, exatamente o que fez bem. Assim apreciará e focará mais intensamente o elogio, e o chefe incitá-lo-á a concretizar mais situações equivalentes.

Para elogiar, utilize a sua imaginação e evite formalismos. Imagina-se a dizer a um amigo, depois de um bom dia no terreno, «Dou-te os meus parabéns e congratulo-te pelo facto de teres desenvolvido tão bem a implementação do andaime»? Certamente irão pensar que está a brincar ou que está a testar uma qualquer receita tola aprendida. Ninguém está habituado a utilizar estes termos em contextos coloquiais, porque soam àquilo que são: enlatados, frios e técnicos. O elogio deve ser natural, do coração, com entusiasmo. Se for sincero, mesmo dito com «palavrões» será ouvido como música celestial! E o melhor de tudo é que é muito fácil tornar-se especialista nisso. Basta começar a fazê-lo.

Decerto que logo que comece a usar conscientemente esta ferramenta de gestão encontrará muitas oportunidades para a aplicar e desenvolverá ideias sobre como a adaptar a cada situação e a cada pessoa. Como tudo, melhora-se com a prática, o que significa que se sairá cada vez melhor na tarefa, e com mais facilidade. Veja alguns exemplos de como a pôr em prática:

- Chame alguém da equipa só para lhe dizer que fez muito bem algo que sabe ter representado um esforço especial, sem abordar nenhum outro assunto. Será que, se não tivesse cumprido a tarefa devidamente ou a tempo, teria chamado essa pessoa sem hesitações para lhe fazer algum «comentário»? Pois bem, trata-se da mesma coisa, mas ao contrário, porque a «apanhou a realizá-la bem»!
- Envie uma mensagem de texto breve a dizer «Bom trabalho», acompanhada de alguns *emoticons* a aplaudir.
- Envie um *e-mail* a essa pessoa, com cópia para vários funcionários, mencionando a consecução de um objetivo importante e elogiando o esforço.
- Deixe que seja o chefe a felicitar o funcionário ou a equipa.
- Procure que o visado seja mencionado no boletim da empresa ou que seja ele a apresentar o projeto a todos os outros funcionários.
- Deixe-o assinar como autor do projeto ou do relatório, mesmo que não seja habitual no departamento.
- Suba de categoria o cargo que esse funcionário ocupa. Por vezes, basta mudar a nomenclatura do posto, sem mais, pois «assistente de direção de marketing» pode ser mais estimulante do que «administrativo da área de produto».
- Elogio público.
- Elogio privado. Às vezes, é uma excelente alternativa convocar o colaborador para uma reunião e transmitir-lhe simplesmente, sem mais, a felicitação por uma tarefa concreta bem-feita, de pessoa para pessoa, de profissional

para profissional, de chefe para colaborador, sem alardes, apenas para ela ou para ele, cara a cara.

- Para casos em que tão cedo não se volte a ver a pessoa em causa: faça uma chamada ou envie mensagem de voz de felicitação... Cuidado! Esta opção deverá ser combinada com outras formas de recompensa, visto que, se nunca se complementar com o comentário pessoal ou em público, acabará por parecer fria e distante.
- Honras, aplausos ou prémios a conceder durante um almoço da empresa ou numa reunião ou convenção.
- Uma atenção ou um elogio da direção da empresa.
- Uma melhoria no posto de trabalho: melhor mesa, melhor cadeira, ecrã de computador de qualidade, localização mais agradável do posto, etc.
- Faça com que participe numa campanha de imagem como rosto do departamento ou da empresa.
- Chame o colaborador para uma reunião formal em que lhe diz concretamente aquilo pelo qual se orgulham de o ter na equipa... com este assunto apenas.

Todas estas estratégias são possíveis. E sabe o qual é o melhor de tudo? Dependem apenas nós mesmos, sempre que alguém nos dê motivos para ser reconhecido!

«Há duas coisas que as pessoas desejam ainda mais do que sexo e dinheiro: honras e louvores.» Assim se expressou M. Kay Ash, uma senhora que confessava não perceber de finanças, mas que conseguiu transformar uma ideia num império da indústria dos cosméticos, que já em 1983 vendia mais de 500 milhões de dólares, uma quantia astronómica, mesmo nos dias de hoje.

Como o conseguiu? Faça a pergunta mágica. Além do sistema de remunerações, velou criteriosamente pelos elogios, pelas convenções cheias de reconhecimentos individuais dos melhores; era generosa e precisa no elogio e na atenção concedidos a quem cumpria o que ela esperava. Num discurso breve perante um grupo de diretores, Mary Kay observou: «Depende de vós a forma de se relacionarem com o pessoal. Distinguem quem merece com elogios e recompensas? Procurem que as pessoas que trabalham convosco se sintam importantes. Se as honrarem e ouvirem, serão honrados e ouvidos por elas.»

PRÉMIO 3: TEMPO

Este pode ser um incentivo tangível muito poderoso. Não se diz que o tempo é de ouro? Pois, à falta de ouro, dê-se tempo! Além disso, esta estratégia ganha mais força se formos capazes de a usar num momento importante para a pessoa recompensada. Todos temos situações pessoais em que precisamos de tempo para cuidar de um familiar, resolver um problema pessoal, ir ao casamento de um amigo íntimo num local remoto, resolver uma questão escolar dos filhos, fazer uma pausa, festejar um aniversário especial, tratar de um assunto doméstico, simplesmente «porque sim» ou ainda para aproveitar uma viagem de empresa do cônjuge. Também há momentos na vida em que o tempo em família tem um valor muito especial, geralmente quando os filhos ainda são pequenos.

Em todos estes casos, aparece **«o momento da verdade», a oportunidade perfeita para mostrar ao bom trabalhador que estamos com ele** e que realmente o apreciamos. É o momento para receber a recompensa merecida, para responder às suas necessidades com flexibilidade. Se formos capazes disso, o seu agradecimento e valorização por o *ter apoiado nesse momento*, precisamente quando mais precisava, será profundo e duradouro. Nessas ocasiões, o tempo é ouro puro, pois tem muito valor para o recompensado, sendo quase sempre algo perfeitamente acessível para o recompensador, praticamente sem representar qualquer transtorno.

Também entra neste capítulo premiar com autorizações, mudanças ou reduções temporárias de horário, com dias reservados para assuntos pessoais ou com uma manhã ou tarde livres, pontualmente. Trata-se normalmente de algo que está ao nosso alcance, pois a cada chefe pedem-se resultados, e ninguém vai ver à lupa o que este fizer esporadicamente com o tempo da sua equipa se houver bons resultados e tudo estiver em funcionamento.

Ideias para pôr a GER em prática com tempo:

1. Defina como prioridade que o trabalho solicitado esteja «bem-feito e a horas» e, a partir, daí deixe que os que dão bom rendimento se organizem à sua maneira, desde que cumpram essas duas premissas.

2. Se a natureza do trabalho o permitir, atribua simplesmente tarefas concretas, fixe um prazo e especifique a qualidade que deseja obter. A partir daí, premeie a eficácia com tempo e não recompense a presença. Por exemplo, ofereça um dia livre, permitindo que os funcionários sejam dispensados dessa vez ou deixando-os aproveitar uma ponte próxima em que teoricamente iriam trabalhar. Autorize que os bons trabalhadores ajustem a hora de entrada ou de saída consoante as suas necessidades pessoais. Em todos os casos, devemos começar por «ver com bons olhos» quem cumpre as tarefas que lhe competem dentro do horário profissional e «ver com maus olhos», sem conceder por isso o menor mérito, quem fica sempre mais horas para realizar o mesmo tipo de atividades que os outros.

3. Faça com que cada membro da equipa forme outra pessoa como substituta, de modo que cada um tenha alguém concreto que saiba o suficiente sobre a sua função, sobre o lugar onde arquiva as coisas, etc., para o poder substituir eficazmente numa eventual ausência. O ideal é terem todos um «suplente» e serem por sua vez suplentes de outro colega. Desta forma, será muito mais fácil aplicar esta ferramenta sem gerar no colaborador má consciência em relação ao resto da equipa por deixar a sua parte descurada.

4. As autorizações podem conceder-se também como prémio por determinados acréscimos de qualidade, esforços prolongados, trabalho em equipa ou qualquer outro comportamento que considere importante. O fundamental é que, para a outra pessoa, o tempo que lhe conceda tenha valor. Uma tarde isolada, prolongar umas férias em mais um dia... Dar um pouco de tempo, no momento certo, é precioso para quem o recebe.

Para evitar conflitos, é importante comunicar bem ao resto da equipa que se concedeu um dia a essa pessoa ou que durante determinado período ela chegará ou sairá a outra hora concreta, para que ninguém possa interpretar mal as coisas ou pensar que um dos trabalhadores «está por sua conta» e que o chefe o permite ou não se apercebe disso. E não receie que o facto de recompensar aqueles que merecem com tempo crie diferenças.

Deixe simplesmente claro que todo aquele que cumprir e trabalhar bem e de modo eficaz terá o mesmo tratamento, que não se trata de favoritismos, mas de mérito.

PRÉMIO 4: UM PEDAÇO DO BOLO

A ideia é prática e simples:

OS FUNCIONÁRIOS QUE PARTICIPAM DIRETAMENTE NOS RESULTADOS TORNAM-SE MAIS RESPONSÁVEIS PELOS RESULTADOS

Isto vê-se claramente nas empresas de sócios trabalhadores.

Os que são proprietários e vivem da empresa dificilmente farão algo que prejudique a sua produtividade e os seus lucros. Segundo vários estudos, as empresas com algum sistema de benefícios para os operários em função do resultado final da empresa apresentam uma vez e meia melhores números que as empresas convencionais do seu setor.

No entanto, são conhecidas grandes cooperativas em que as pessoas se vão embora ou sócios acionistas que acabam por atacar a própria empresa e o resto dos sócios devido a interesses pessoais de curto prazo.

Há muita gente empreendedora, mas não há assim tantos bons empresários: é preciso distinguir uns de outros. Portanto, para muita gente, possuir uma parcela mínima das ações da empresa não representa um incentivo atraente. No entanto, beneficiar diretamente dos resultados representa sempre uma motivação adequada, mas isso não implica necessariamente ser sócio: basta que se distribua uma percentagem do lucro, da poupança ou do acréscimo de vendas, etc. Por outras palavras, em muitos casos bastará tratar essas pessoas como sócios, de forma que haja uma partilha diretamente associada àquilo que a empresa ou o projeto conseguir.

O sucesso de qualquer programa de participação do pessoal nos resultados depende muito dos seguintes fatores-chave:

- O sistema deve impedir que fomente oposição entre os que participam no programa, sendo essencial que a direção consiga estimular a colaboração. Tudo deve direcionar-se para que cada um ceda um pouco e o foco resida no interesse pela prosperidade geral, e isso implica reunir ideias para que o sistema satisfaça a maioria e estimule esforços comuns e trabalho em equipa.
- Todos devem perceber que a distribuição se fará quando for possível e que, se não for possível, não terá lugar. Nem o melhor sistema de participações conseguirá que uma indústria automobilística venda mais em tempos de recessão. Por isso, toca a todos apertar o cinto quando a conjuntura não ajuda.
- Todos devem conhecer de forma clara, desde o início, a fórmula que será utilizada, e deve dar-se aos participantes do sistema poder de voto ou pelo menos a possibilidade de

expressar uma opinião sobre o mesmo, visto que, se não puderem sequer sugerir mudanças e ajustes, nunca sentirão o negócio como seu.

- Os participantes devem perceber que aquilo que se alcançar se deve aos resultados GLOBAIS, portanto, todos devem contribuir, e nada está previamente garantido. O prémio a alcançar surgirá quando se obtiverem os resultados finais globais.
- O resultado de referência a que se associa a participação deve ser o «grande objetivo» da empresa. Não se trata de incentivos ou de comissões pelas vendas de cada um ou da contribuição para o negócio de cada área, mas do resultado final e global da empresa, no seu conjunto, com metas alinhadas e com a estratégia a longo prazo.
- Deve ficar claro por que motivo alguns podem ficar fora da distribuição e do sistema se não cumprirem os mínimos acordados pela equipa. O sistema virá abaixo se aqueles que fizerem o mínimo se aproveitarem dos que efetivamente contribuíram ao máximo.

Premiar ao pessoal com participações, seja acionistas ou de resultados, não é uma cura milagrosa que impedirá uma gestão deficiente. No entanto, se for implantado de forma acertada, pode servir como um verdadeiro impulso para o clima positivo da empresa, para que todos persigam o mesmo objetivo e consigam uma boa produtividade.

PRÉMIO 5: PROMOÇÕES E DESENVOLVIMENTO PROFISSIONAL

Num estudo recente que fizemos na consultora Otto Walter sobre as razões pelas quais os profissionais qualificados saíam das empresas ou se desmotivavam concluiu-se que as duas primeiras razões, mais ainda do que o salário fixo, eram as seguintes: possibilidade de progressão profissional e relação de qualidade com o superior direto.

Oxalá me tivessem dado um euro por cada vez que ouvi a frase: «Saí da empresa porque não havia ali carreira para mim.» As empresas normalmente perdem vários dos seus melhores profissionais quando estes são atraídos e captados por outras empresas que oferecem mais responsabilidades, um desafio estimulante e possibilidades de promoção.

As pessoas que deseja manter são simultaneamente as mais procuradas pelo resto das empresas, entre elas os seus concorrentes. Muitas vezes procuramos no exterior alguém capaz de assumir desafios novos ou difíceis, e não se aproveita a oportunidade de promover um dos trabalhadores que provaram trabalhar bem e que desejam crescer na empresa. Estes merecem a oportunidade, e seria um excelente exemplo para todos os outros.

Não deve recear-se errar numa nomeação para uma promoção interna. O erro ocorrerá mais de uma vez, decerto, mas é preferível cometê-lo a não dar oportunidades e a merecida recompensa por medo de falhar.

Por vezes não é possível uma promoção hierárquica, visto que frequentemente não há cargos suficientes para promover todos os que o merecem. Mas talvez possa premiar com um projeto especial ou com novas responsabilidades, através das quais a pessoa em causa possa desenvolver-se profissionalmente e aprender em novas áreas ou simplesmente assumir uma nova aposta muito desafiante e motivadora para si. Um exemplo deste caso pode ser um salto lateral para outro cargo, em que o funcionário adquira uma especialização interessante no seu crescimento profissional. É determinante não gerar expectativas falsas de que isso significa que em breve será promovido. Relembro que não deve prometer o que não sabe se poderá cumprir.

Conheço uma empresa que apresentava um «estreitamento» no seu organigrama e que não conseguia criar espaço para um magnífico colaborador. Era claro que o ia perder em breve por não poder oferecer-lhe a progressão necessária ao seu crescimento, pelo que lhe conseguiu um cargo interessante num dos seus fornecedores-chave, lugar em que pôde ser promovido e continuar a sua carreira, continuando de alguma forma vinculado à empresa. Quando surgiu a oportunidade, anos mais tarde, o profissional foi recuperado para essa mesma empresa integrando um cargo superior que, esse sim, já estava disponível, tendo, além disso, chegado ainda mais bem preparado.

Noutro caso, estabeleceu-se um escalão e critérios diferentes para um grupo de técnicos de sistemas que não era possível promover por falta de estrutura adequada na empresa, criando-se a fórmula para que os melhores pudessem promover o seu estatuto dentro do mesmo departamento, subindo na categoria de «sénior» e «master», o que supunha uma remuneração mais atrativa e mais privilégios do que outros funcionários quanto a tempo livre, bónus, poder de decisão, etc., visto que não havia espaço para lhes dar cargos de gestão. Resposta criativa que funcionou muito bem.

PRÉMIO 6: TAREFAS PREFERIDAS E TRATAMENTO DE MAIS QUALIDADE

O segundo valor mais destacado do estudo de Otto Walter, um tratamento de qualidade por parte do superior direto, é um elemento determinante. É algo valioso e representa, portanto, uma possível recompensa dedicar tempo e atenção de qualidade aos colaboradores destacados, o chefe estar atento para os ajudar em certos assuntos, ter com estes colaboradores espaços periódicos reservados consoante a necessidade de cada um, para se debruçar sobre a sua tarefa, para lhes dar formação ou para os ajudar, almoçar ou tomar o pequeno-almoço com eles, ser delicado no trato, em suma, para os tratar como os profissionais valiosos que são, para os ouvir mais do que a outros, para lhes explicar certas coisas, para lhes antecipar discretamente determinadas decisões, para lhes pedir ideias ou opiniões sobre assuntos importantes. Convém que manifestemos o nosso apoio e respeito a toda a linha e que suscitemos contactos positivos, como preocupar-se com o plano de férias dos funcionários. De modo geral, os chefes «esquecem-se» dos melhores, dos que trabalham e resolvem os assuntos de forma autónoma. E estes estão habituados a isso, pelo que uma atenção especial pressupõe uma inesperada recompensa e um claro gesto de valorização para os trabalhadores de qualidade, muito especialmente para os que manifestam uma eficiência discreta. Estes são os mais valiosos.

Para premiar um bom rendimento, também há a possibilidade de agradar às pessoas eficazes concedendo-lhes o trabalho de que gostam, ou que gostariam de experimentar, e libertá-las de tarefas que não lhes agradam. Como normalmente as pessoas gostam de fazer o que sabem fazer bem e o que é compatível com os seus pontos fortes, este constitui um recurso poderoso para melhorar o rendimento de quem já se destaca. Essencialmente, é como dizer-lhes: «Diga-me o que prefere fazer, faça-o bem, e dar-lhe-ei mais tarefas desse género. Ao mesmo tempo, libertá-lo-ei de muito daquilo de que não gosta.»

Numa empresa, uma diretora excelente, imprescindível pelo seu contributo, que vivia oprimida e assoberbada, foi recompensada com aquilo que mais valorizou: receber ajuda administrativa que a libertasse das tarefas secundárias que tanto a saturavam. Procurou-se que se sentisse mais confortável. Como era uma das pessoas que percebiam que a situação não era propícia à contratação de mais pessoal, não pedia meios, mas deram-lhos porque o seu chefe viu que era a pessoa que mais merecia. E não só conseguiram que se sentisse mais feliz, como melhorou extraordinariamente o seu rendimento por se poder dedicar ao que melhor fazia!

Vele pelo trato, pela comunicação e pela forma de dirigir as pessoas que lhe trazem resultados. Utilize AS PALAVRAS MAIS IMPORTANTES para comunicar melhor, manter boas relações e criar equipa:

- 7 palavras: TODOS JUNTOS A CUMPRIR ALCANÇAMOS MELHORES RESULTADOS.

- 6 palavras: TENHO DE RECONHECER QUE ME ENGANEI.
- 5 palavras: OBRIGADO, TEM TRABALHADO MUITO BEM!
- 4 palavras: DESCULPE, EXPRESSEI-ME MAL.
- 3 palavras: O QUE SUGERE?
- 2 palavras: TEM RAZÃO.
- A palavra mais importante: NÓS.

A nossa maneira de comunicar tem muito a ver com o efeito de colaboração que conseguimos. Coloque estas palavras à vista, de modo que todos as possam ler e recordar, e comece a pô-las em prática. Saber partilhar, escutar, ser humilde, distribuir elogios, ser claro e direto na comunicação, ao mesmo tempo que educado e respeitador, são várias facetas que ajudam a relacionar-se melhor com as pessoas e a ganhar o seu apreço e respeito.

PRÉMIO 7: MAIS AUTONOMIA

A liberdade e a autonomia de ação podem ser recompensas eficazes para pessoas com energia e capacidade que agora ocupem cargos muito controlados ou cargos intermédios com pouca capacidade de decisão. Essencialmente, pode dizer a essas pessoas: «Façam bem o vosso trabalho e serão os vossos próprios chefes.» Por exemplo, uma medida libertadora consiste em dar poder de decisão em questões que normalmente exigiriam a autorização do chefe; para isso basta dar ao colaborador a formação suficiente e passar-lhe as informações para que possa atuar por si mesmo, com o apoio total do chefe em caso de erro. Para alguns é extremamente valioso os chefes, ou os pais, no caso dos filhos, deixem-nos fazer as coisas à sua maneira, com uma boa margem de confiança, o que se manterá desde que cumpram as expectativas e obtenham o resultado exigido, na forma devida.

A liberdade fundada na confiança é um incentivo muito poderoso para chefias, para funcionários jovens e para veteranos com experiência. Como disse um operário de grande rendimento e experiência: «Não me importa que sejam exigentes comigo, se eu estiver à frente, naquilo que me compete fazer.»

Além disso, esta recompensa traz por acréscimo uma elevada carga de delegação, o que redunda em eficácia para todos. Um bom «OK, decida, confio em si» soa a glória para algumas pessoas. Isto não implica deixar o colaborador abandonado, mas mostrar-lhe grande apoio e respeito. Ora, como se costuma dizer, «para delegar é preciso tolerar», pois há chefes que delegam, mas não libertam. Querem apenas que se faça como eles desejavam que fosse feito. Se quer premiar com autonomia, terá de permitir que o trabalhador faça as coisas à sua maneira desde que se mantenha dentro dos limites esperados e seja eficaz. Do mesmo modo, terá de dar apoio moral absoluto, ou seja, se o colaborador a quem o chefe concedeu liberdade se enganar ou cometer um erro, o chefe deve tratar o erro com grande delicadeza: «Excelente iniciativa! Vamos corrigir o que não correu bem e aprender.» Se o colaborador não sentir apoio perante a falha, o prémio da autonomia transforma-se em castigo e ameaça.

PRÉMIO 8: FORMAÇÃO

Muitas empresas gastam muito dinheiro em formação e capacitação de todo o tipo sem as usarem como gratificação. Contudo, esta é uma recompensa muito importante para profissionais e técnicos. Há muitos grupos de funcionários que poderiam conseguir um bom trabalho e um bom salário em qualquer lado, e, para os fidelizar e para incentivar o seu bom rendimento, uma das poucas formas que temos de os premiar é saciar a sua sede de aprendizagem, dar-lhes trabalhos e projetos que impliquem receber formação, com oportunidades de desenvolverem os seus conhecimentos e de continuarem a aperfeiçoar-se. Por exemplo, como vários estudos manifestam, para muitas profissionais do sexo feminino, a aprendizagem e a satisfação no trabalho é um dos mais poderosos incentivos. Do mesmo modo, os jovens com potencial tendem a apreciar este incentivo de forma mais intensa.

Há duas maneiras de gerir esta recompensa. Uma consiste em dizer às pessoas que merecem um prémio, dar-lhes trabalhos que envolvam a oportunidade de aprender coisas novas, seja aperfeiçoando a sua especialidade ou abrindo novos campos de interesse. Outra forma é permitir que os mais destacados frequentem ações de formação de qualidade, como cursos especializados, formação de prestígio, conferências ou alargamento de estudos. Também entraria neste capítulo permitir-lhes visitar outra delegação, outra fábrica da empresa, talvez até outro país, onde se possa observar um novo processo.

Em todo caso, convém que a formação represente o verdadeiro valor acrescentado que possui. Isto também implica nunca contratar formação que não seja boa e comunicá-la como uma concessão especial de custo adicional que se proporciona ao premiado. Se na empresa os trabalhadores pensarem que a formação é gratuita, que se oferece porque sim, ou se os cursos que a empresa patrocina forem dececionantes, a ação deixará de ser uma recompensa. Se contratar formação, contrate sempre a melhor, não a desperdice. Um curso barato que não ensina nada sai muito caro!

Pergunte aos seus funcionários valiosos se têm alguma expectativa relativamente à formação, se gostariam de fazer algum curso. E, se puder, conceda-lhes isso mesmo como algo especial que conseguiu em virtude da qualidade do seu trabalho. Se a sua empresa está habituada a oferecer formação, consulte as próximas convocatórias e ofereça os cursos às pessoas que sabe que deve recompensar. Use o que já tem e transforme-o numa grande atenção.

PRÉMIO 9: UM POUCO DE DIVERSÃO

Existem trabalhos pelos quais é difícil conseguir que alguém se interesse, por mais que se tente. Também há momentos em que o resto das recompensas não é oportuno. Não obstante, muitas vezes levantamo-nos muito cedo ou vamos para o meio de um temporal só porque a circunstância é divertida. O bom diretor tem de procurar que haja alegria no trabalho, bom humor e um clima profissional agradável. E é bom utilizar este aspeto como incentivo, o que é equivalente a dizer à equipa que, «desde que se satisfaçam todos os objetivos, podemos conceder-nos alguma diversão».

Ora, nem toda a gente se diverte com as mesmas coisas. Convém consultar o grupo para saber que medidas se poderiam implantar para tornar o trabalho mais agradável ou preparar «uma comemoração». Para isso podem organizar-se pequenas celebrações, jantares, uma saída para um espetáculo ou uma ação *outdoor* original, uma atividade especial (andar de balão, um curso de condução, etc.). Também poderia ser útil arranjar um quadro para publicar ideias, artigos ou fotografias humorísticas ou estimular que se celebrem de forma especial os aniversários ou conquistas profissionais, permitindo passar um bom momento de alegria à volta de um bolo e de umas velas. Ou simplesmente pôr música a tocar, se não for habitual e agradar à maioria.

Sejam quais forem os incentivos para transmitir alegria ao trabalho, lembre-se de uma regra de ouro que quase sempre funciona para que o trabalho seja mais produtivo e divertido ao mesmo tempo: em qualquer atividade lúdica ou de *team-building*, faça com que todos saiam a ganhar. Evite realizar ações em que haja perdedores, em que apenas alguns triunfam e os restantes ficam mal vistos ou são derrotados. Use bem este recurso. Assim sendo, é bom tudo o que favoreça que todos se sintam elementos de uma equipa extraordinária e vencedora. Os seres humanos gostam de se identificar com o sucesso e fazem praticamente qualquer coisa para obter esse privilégio. Em qualquer circunstância, uma gargalhada é sempre algo positivo e afasta os maus humores. Uns instantes de anedotas ou deixar que um almoço entre colegas se prolongue se estiver a ser divertido e servir para consolidar a equipa pode ser benéfico quando é preciso recarregar energias e potenciar bons relacionamentos.

PRÉMIO 10: PRESENTES

A possibilidade de premiar o rendimento com presentes tem apenas a imaginação como limite. Aqui, mais do que nunca, não é uma questão de dinheiro, mas de oportunidade, em tempo e forma. Pense num jantar de família pago pela empresa num restaurante requintado, a coincidir com um aniversário pessoal do funcionário, em bilhetes para um acontecimento desportivo ou musical, em entradas para o teatro, num fim de semana num hotel encantador, numa *suite* de luxo por uma noite num hotel da mesma cidade, num ramo de flores, numa peça para uma coleção, numa chávena de café ou em algo que seja adequado para a pessoa adulada.

Uma empresa utilizou os presentes para lutar contra o absentismo e fomentar a pontualidade. Os trabalhadores que chegavam pontualmente ao longo de todo o mês tinham direito a participar no sorteio para um presente. E os que perfizessem seis meses seguidos de pontualidade ficariam habilitados para o sorteio de um televisor topo de gama. E a verdade é que funcionou e que os atrasos caíram a pique, com as baixas médicas a diminuírem 62%.

Outra forma de premiar consiste em distribuir pela equipa um dos presentes que normalmente chegam ao departamento, enviados por fornecedores ou clientes, etc., como, por exemplo, canetas, agendas, um convite para um evento, etc.

Sem grande esforço, e por muito pouco dinheiro em comparação com o rendimento que o colaborador lhe está a trazer, pode oferecer-lhe uma recompensa que realmente cause impacto. Por vezes a surpresa joga a seu favor, e, quando menos esperar, não será tanto o presente a ter mérito quanto a atenção de o ter pensado e procurado.

PRÉMIO 11 («+1»): QUALQUER OUTRO QUE LHE VENHA À CABEÇA!

A criatividade não tem limites quando se trata de recompensar. Tente apurar o que agradaria à pessoa a premiar e surpreenda-a. Cada pessoa é diferente, e nunca se sabe o que pode ser valioso e apreciado por alguém como uma bela recompensa. Na maioria das vezes trata-se de algo que está perfeitamente ao seu alcance. Pergunte-lhe diretamente: Do que gostaria? O que apreciaria? O que posso fazer por si para que se sinta melhor? E assim terá ideias personalizadas, diferentes e eficazes.

CONCLUSÃO

Consoante a pessoa em causa, o seu cargo profissional e a situação, cada uma das recompensas que fomos descrevendo pode ser eficaz para promover bons comportamentos e rendimentos. E, se prestar atenção, decerto saberá encontrar as mais adequadas a cada circunstância e a cada pessoa. Assim sendo, podemos reter estes pontos importantes:

- AS TRÊS RECOMPENSAS MAIS IMPORTANTES SÃO: O SEMPRE EFICAZ ELOGIO BEM-FEITO, O DINHEIRO E O TEMPO.
- AO RECOMPENSAR, O «MODO COMO SE DÁ» É TÃO IMPORTANTE COMO «AQUILO QUE SE DÁ».

Não poderá remunerar da mesma forma todos os comportamentos desejados, nem sequer deve tentá-lo. A missão do diretor consiste em decidir quais os modelos de comportamento mais importantes para cada função, equipa e momento determinado e oferecer o melhor prémio possível para que os mesmos se tornem realidade.

TERCEIRA PARTE

O que recompensar?

A GER É APLICADA NA EMPRESA ONDE TRABALHA? Descubra-o respondendo a estas perguntas relacionadas com o seu local de trabalho, com o seu chefe e consigo mesmo, às quais deve responder SIM ou NÃO. Vá contando o número de sins e nãos que dá como resposta.

Faça-o de forma rápida. Resulta melhor se respeitar a sua primeira impressão.

TESTE SOBRE A DIREÇÃO DA EMPRESA:

1. Parecem estar muito mais interessados no lucro imediato do que na prosperidade a longo prazo?
2. Conseguem com frequência que as pessoas estejam muito ativas, mas não que façam bem o que é necessário?
3. Desincentivam o espírito de iniciativa ao castigarem ou criticarem a menor falha de quem ousou fazer algo diferente?
4. Pagam salários mais altos dentro da mesma categoria a pessoas que trazem de fora ou a quem ameaça sair da empresa?
5. Alguém entende os critérios e os favoritismos quando se trata de aumentos, bónus, promoções ou atribuição de tarefas?

6. Concede-se maior orçamento ou mais atenção a quem gasta mais e mais se queixa, à custa dos que se limitam a fazer bem o seu trabalho, sem fazer alardes?
7. Transmitem que as coisas se devem fazer como sempre se fizeram na empresa?
8. São incapazes de executar decisões rápidas ou de implantar mudanças com celeridade devido a um sem-fim de reuniões, relatórios, consensos e autorizações?
9. Falam muito da importância das pessoas e do conhecimento, mas, quando é preciso reduzir custos, despedem sempre os que estão há menos tempo na empresa ou colocam na reforma antecipada todos os que têm uma certa idade, mesmo que sejam bons trabalhadores, em vez de quem trabalha pior?
10. É difícil trabalhar em equipa porque incentivam a individualidade e a *departamentite*?

TESTE SOBRE A SUA CHEFIA DIRETA

11. Favorece quem aparenta ser ativo e não quem apresenta resultados silenciosamente?
12. Fomenta que se trabalhe muitas horas?
13. Exige trabalho de qualidade, mas quer sempre os resultados «para já»?
14. Quase nunca lhe diz o que fez bem, mas refere-lhe frequentemente onde se enganou ou o que faz mal?
15. Queixa-se e não entende por que motivo a sua equipa não se envolve e se empenha mais no trabalho?

TESTE SOBRE SI PRÓPRIO

16. Sente que está a desperdiçar as suas energias quando se esforça muito porque o que receberá como recompensa é pouco ou nada?
17. Verifica que quase todos poderiam fazer melhor a sua tarefa e em menos tempo, mas preferem continuar na mesma porque, se o fizerem, receiam que considerem que o seu

trabalho é dispensável ou porque lhe dariam muito mais trabalho sem os recompensarem?

18. Tem ideias úteis para a organização, mas não pensa apresentá-las porque não há ninguém que as oiça e, em todo o caso, não ganharia nada de bom com isso?
19. Tem de pedinchar muito para conseguir apoios e meios de que necessita porque não ouvem quem cumpre o seu trabalho sem fazer alardes?
20. Frequentemente vai para casa com a sensação de ter perdido o dia em reuniões inúteis, conflitos internos com outras áreas, processos ineficientes ou por ter de fazer relatórios e diligências desnecessários?

Conte agora o número de respostas positivas:

De 0 a 3: Excelente! Considere-se afortunado: a sua empresa pratica a GER.

De 4 a 6: Não está mal, mas pode melhorar pondo em prática a GER.

De 7 a 9: Sintomas claros de que a GER não está a ser usada de forma satisfatória.

10 ou mais: Bem-vindo ao clube! A sua organização ignora por completo a Gestão Eficaz de Recompensas!

Convido-o agora a partilhar 10 estratégias que se podem aplicar em qualquer contexto em que deseje influenciar as outras pessoas no sentido de fazerem melhor as coisas, de incentivar o comportamento correto e de permitir que todos se sintam mais satisfeitos.

10 ESTRATÉGIAS DE SUCESSO PARA IMPULSIONAR E FOMENTAR ATRAVÉS DA GER

Vejamos os comportamentos mais desejáveis no campo profissional. Agora que já foi apresentado à GER, veremos dez comportamentos que qualquer diretor deve premiar e dez comportamentos opostos e indesejáveis que, muitas vezes, nas empresas, se tende a recompensar indevidamente.

ESTRATÉGIA 1

Premeie a lealdade e o compromisso, não quem não produz e não a rotação de pessoal capaz.

- «Não compreendo como os jovens de hoje têm tão pouco interesse pelo trabalho. No meu tempo, entregávamo-nos à empresa e sentíamo-nos agradecidos por ter um emprego.»
- «Como poderia fazer que as pessoas se envolvessem mais no projeto da empresa?»
- «José é um bom profissional, mas não se empenha na sua atual função.»

Já reparou que nos últimos anos se fala cada vez mais de motivação, de lealdade ou de falta de envolvimento? Os diretores aludem com frequência à necessidade de uma maior responsabilidade e de um maior empenho no trabalho por parte dos funcionários.

A questão do empenho e do compromisso das pessoas é como a do afeto:

- Toda a gente precisa dele e o deseja.
- Os que mais o exigem são os que menos o obtêm.
- Se não se der, é quase impossível recebê-lo e mantê-lo.

A verdade é que se pode pagar o tempo de uma pessoa, a sua presença física e até um certo número de ações (movimentos, teclas premidas, vendas realizadas, etc...), mas nenhum contrato pode garantir a lealdade, a entrega, o entusiasmo, o coração, a criatividade ou a alegria; isso terá de ser conquistado a cada pessoa, porque é algo que se oferece de forma voluntária.

«Não te cases com nenhuma empresa, porque nenhuma empresa se casará contigo», dizia um pai como advertência a um filho recém-licenciado. Todas as organizações precisam de lealdade e de entrega por parte dos melhores, mas poucas as recompensam realmente. O mais frequente é, quando as contas não saem de feição, reduzir-se pessoal despedindo quem representa menos despesa, sem ter em conta quem dava um melhor ou pior contributo.

Muitas empresas «ensinam» aos seus funcionários que devem ser desleais. Alguma vez trabalhou numa organização em que se paga mais aos que vêm de fora do que aos que são promovidos internamente? Conheceu empresas nas quais com demasiada frequência se traz alguém novo para um cargo de relevo sem sequer se ter equacionado promover os funcionários internos que tenham adquirido, em absoluto, essa oportunidade e que eram perfeitamente válidos para o posto? Para uma imensa maioria de bons profissionais, a melhor maneira de progredir é mudar de empresa e não permanecer leal na mesma.

Será forçoso que as coisas sejam assim? Na verdade, não, há outra forma de fazer as coisas, de as tornar mais produtivas e mais motivadoras, ou seja, melhores para todos. Felizmente, muitas empresas não tratam assim o seu pessoal. Sabem que uma equipa estável e motivada é a solução para obter os melhores resultados, o menor nível de conflitos sindicais e para eliminar os custos e esforços que a rotação não desejada de pessoas eficazes pressupõe. Essas empresas sabem entender e aplicar este princípio simples que afeta todo âmbito da vida:

A LEALDADE NÃO SE PODE EXIGIR, DÁ-SE SIMPLESMENTE, FAZENDO-SE O POSSÍVEL POR A MERECER

Para o comprovar, basta fazer a seguinte experiência: procure pessoas que trabalhem há pelo menos dez anos na mesma empresa e que ainda deem mostras de entusiasmo e de interesse pela mesma. Pergunte-lhes porque estão orgulhosas e permanecem tão leais. Certamente receberá várias respostas, e o fator comum entre elas será o seguinte: *sentem que são valorizadas, que pertencem a uma organização que as tem em conta, onde ainda aprendem, que sabe para onde se dirige, que são bem tratadas pelos chefes e que estes demonstraram que se preocupam com elas, não só como funcionários, mas também como pessoas.*

Se continuar a investigar, também lhe dirão que a empresa, em troca, lhes exige muito. Que cada um tem de cumprir devidamente a respetiva tarefa e colaborar para que tudo funcione bem. E provavelmente todos sabem que quem não compreender estes valores, quem criar mau ambiente entre os colegas pela sua maneira de ser ou não trabalhar para o bem do grupo não continuará na empresa. As organizações que dão muito também exigem muito, pois a reciprocidade equilibrada não é, porventura, a base das relações sólidas? No fim de contas, a lealdade exige lealdade; a confiança, confiança; a amizade reclama amizade; e o interesse requer interesse. O entusiasmo e a vontade de fazer bem não surgem do nada. Os diretores da empresa devem promovê-los; mais, têm de fazer por merecer tudo isso das suas equipas. A criação de um ambiente de lealdade, qualidade e entrega implica esforços para que assim ocorra, mas os seus benefícios não têm limites. Eis alguns princípios básicos:

1. Proporcionar segurança no emprego a quem cumpre as suas funções. Um amigo comentou comigo: «Quando fui trabalhar para os Estados Unidos, parecia muito conveniente aos empresários norte-americanos poderem despedir livremente as pessoas sempre que a economia piora ou quando o desejam.» Mas rapidamente mudou de opinião: «Agora percebo porque certas empresas americanas não são capazes de obter o interesse e a lealdade dos seus funcionários. O bom trabalhador tem dificuldade em apreciar a sua empresa se vir que esta está disposta a

privá-lo do seu modo de vida ao primeiro sintoma de que as coisas não estão a correr bem.» Que apreço teria por um amigo que o abandonasse à primeira dificuldade? Proporcionar segurança no emprego àqueles que trabalham bem é uma boa prática empresarial. Os despedimentos são dispendiosos e impedem que as empresas atraiam e conservem pessoal competente, que acima de tudo pede estabilidade. Já há grandes empresas que nos momentos de crise aproveitam para manifestar lealdade aos seus profissionais e que, em vez de despedirem logo o pessoal que representa menos custos, aplicam medidas como as seguintes:

- Reduzir remunerações, começando, naturalmente, pelo conselho de administração e pela comissão de direção, para conseguirem manter-se à tona durante o temporal.
- Regulações da jornada de trabalho. Por outras palavras, redução de dias de trabalho ou de horário para tentar salvar o máximo de postos.
- Reciclar e recolocar sempre que possível pessoas cujos postos desaparecem.
- Dar aos funcionários da empresa que ficaram desocupados trabalhos que normalmente eram atribuídos a pessoas externas.
- Ocupar o restante pessoal válido na preparação de projetos de futuro.
- E, acima de tudo, se for preciso reduzir, despedir primeiro os menos produtivos, não por critérios de menor custo direto do despedimento.

A questão reside em todos os funcionários terem consciência de que a empresa se esforçou para ultrapassar a crise, reunindo nessa tentativa todos os que remavam, e que juntos irão ultrapassar a conjuntura difícil. Trata-se de demonstrar que as pessoas que contribuem com valor para o negócio importam, e ninguém deixa «de lado» quem está a cumprir devidamente as suas funções.

A segurança no emprego dos funcionários rentáveis, dos impulsionadores, por si só, não criará sentido de orgulho de pertença, mas é um primeiro passo essencial para formar uma equipa de trabalho leal e estável.

2. Criar confiança, cuidando ao máximo a comunicação interna. As empresas e até os departamentos com melhor ambiente e menos rotação de pessoas válidas são aqueles que mantêm o pessoal bem informado a respeito dos objetivos, dos progressos, das mudanças e das políticas e que, além disso, ouvem as opiniões do pessoal. Muitas pequenas empresas também velam pela comunicação de forma estratégica, e algumas de maiores dimensões têm encontros marcados com a direção, de forma que todo o pessoal, em grupos reduzidos, se reúne uma vez de dois em dois anos com algum membro da direção e deste modo pode falar livremente da sua visão da empresa e das respetivas áreas. Também conheço o dono de uma empresa de dimensão média que, uma vez por ano, almoça com todas as secretárias e assistentes da empresa, lhes faz perguntas e ouve a sua visão das coisas. Como me disse, «os assistentes e as secretárias são os que veem mais longe, já que tudo passa por eles… Porque haverá de se perder esta energia e esta informação?» Através deste tipo de diálogo, a direção toma conhecimento dos problemas, consegue ideias para melhorar e estabelece uma relação interpessoal com todos. É mais vinculativo ser leal a «alguém» do que sê-lo a uma «empresa», que é uma entidade impessoal. **Normalmente, as pessoas não abandonam as «más empresas», abandonam os maus chefes.**

3. Dar prioridade à promoção interna. Promover o pessoal da empresa que se destaca para cargos interessantes envia uma mensagem a todos: aqui premeia-se a lealdade e a eficácia. O recrutamento externo como recurso habitual quando podia ter-se preenchido o cargo com uma promoção interna significa precisamente o contrário. Mas cuidado com promoções de

pessoas inadequadas! Antes de promover alguém, basta perguntar às pessoas que pertencem ao seu círculo. O pessoal conhece bem os «espalha-brasas habituais», e toda a gente aprecia quem é realmente bom.

4. Investir na formação e no aperfeiçoamento do pessoal. A promoção pode ser desastrosa se não se capacitar o pessoal que deverá assumir cargos de maior responsabilidade. As empresas com um elevado nível de lealdade investem muito em programas de formação e desenvolvimento de carreiras profissionais, e nem tanto no número de ações de formação, mas asseguram-se de que o pessoal só frequenta os melhores cursos, os que são úteis. Claro que esses programas custam mais, mas, se considerar que a boa formação é cara, facilmente verá o custo da ignorância ou da má formação! Ah, já viveu a experiência na primeira pessoa? Então de certeza que não é preciso dizer mais nada. O curso mais caro é aquele que não teve qualquer utilidade.

5. Os salários e a remuneração variável devem ser e parecer justos para os visados. Se o seu sistema de incentivos ou de prémios não satisfaz ninguém, porque o mantém? É impossível contentar toda a gente em questões salariais, é certo, mas o sistema escolhido deve ser encarado como justo, recompensar o que é adequado e deixar os melhores satisfeitos. Muitas vezes oferece-se ao recém-chegado aquilo que nunca se ofereceu a alguém da empresa que foi promovido. Isto estimula a desmotivação, a rotação e a deslealdade. Lembre-se de que, para cada pessoa, o seu recibo de ordenado é sagrado, e este inclui a remuneração variável. Comunique MUITO BEM os critérios de subidas de salário e de receção de montantes variáveis. Em muitas empresas, ninguém percebe por que motivo uns ganham «X» e outros «Y» se fizeram mais ou menos o mesmo ou por que motivo uns usufruem de uma viagem paga e outros não. Se detetar a mais pequena dúvida sobre este assunto, ponha imediatamente em curso

um plano de comunicação que deixe tudo claro e preciso. Todos têm direito a saber quanto vão receber e por que mecanismos ganham mais ou menos.

6. Simplificando: no mínimo, **TRATE AS PESSOAS COMO GOSTARIA DE SER TRATADO**. Quando se tratam as pessoas como se elas fossem a solução para a prosperidade da empresa, essas pessoas tornam-se isso mesmo. Depois de muitos anos, descobri que cada um dos bons funcionários da minha empresa tem para mim a mesma categoria que O MEU PRIMEIRO CLIENTE e trato-os com o mesmo respeito e atenção. Por isso me atrevo a elevar ainda mais o nível da afirmação anterior e a reformulá-la desta forma:

Trate o seu pessoal precioso como cada uma das pessoas que o constituem gostaria de ser tratada.

ESTRATÉGIA 2

Premeie o trabalho inteligente, não a mera laboriosidade.

Como diz uma máxima anónima: «A chave para trabalhar com eficácia consiste em perceber a diferença entre movimento e rendimento.»

Jorge, encarregado de uma oficina de produção, professava uma filosofia interessante a respeito do seu trabalho:

Se não conseguir terminar a tarefa dentro da jornada de trabalho, ou lhe atribuíram demasiado trabalho ou está a realizá-la mal.

Devo confessar que, da primeira vez que ouvi isto, me pareceu que o Jorge era um pouco exagerado. Mas ele tinha efetivamente por hábito percorrer as instalações cinco minutos depois de tocar para saída do pessoal para mandar embora toda a gente que ali tivesse ficado a trabalhar. No entanto, nos três anos em que o Jorge foi responsável pela oficina, as coisas correram sobre rodas, a oficina funcionava na capacidade máxima, e o ambiente de trabalho era magnífico e de elevada exigência. Era um sucesso indiscutível.

O Jorge mudou para outra área, e nomearam o Júlio para ocupar o seu lugar. A filosofia do Júlio era: «Os funcionários que largam o trabalho logo que o relógio toca revelam pouca entrega e desinteresse. Para triunfarem comigo, terão de estar prontos para o que quer que seja.» Os trabalhadores começaram logo a sair mais tarde, sendo que o volume de trabalho era o mesmo. Criou-se um clima de laboriosidade aparente, embora, na verdade, a produtividade tenha baixado. Todos, pouco a pouco, reduziram o ritmo da intensidade laboral, e a tarefa prolongava-se até preencher as horas de presença. Faziam-se reuniões fora do horário oficial, as pausas para café e refeições alongaram-se, o clima de exigência desapareceu para ser substituído por outro mais «funcionarial». Os atrasos começaram, a par de uma menor atenção ao trabalho. Começou a haver conflitos profissionais entre quem não podia ficar tanto tempo por motivos familiares e os especialistas em ficar até tarde para fazer figura, que rapidamente se tornaram os favoritos do Júlio. A primeira hora da manhã passou a ser um momento de interação social: todos comentavam o último jogo de futebol ou o que tinham feito no fim de semana. À tarde, quando já todos estavam há muitas horas na oficina, a concentração começava a falhar. As chamadas telefónicas particulares aumentaram, e, quando o Júlio dava uma volta pela oficina, todos procuravam parecer muito ocupados.

A aparente loucura do Jorge fazia sentido. O facto de não instigar a ficar depois da hora em troca de trabalho em dia e bem-feito obrigava toda a gente a reger-se pela qualidade da prestação e por uma cultura de cumprimento. Toda a gente sabia que contava com o seu horário para fazer o que tivesse de fazer, e esperava-se que assim fosse, de forma que se desenvolveram hábitos eficazes e produtivos. Mas com o Júlio o ambiente de trabalho passou de reger-se por «estar muitas horas na empresa». Quando passou a recompensar a presença em vez da eficácia, as pessoas começaram a trabalhar mais devagar para ocuparem as horas, com o consequente decréscimo da produtividade e a degradação do clima laboral.

A maioria dos profissionais não ganha pelo seu contributo para a produção ou para os resultados, mas por estar presente na empresa num determinado horário. E o que é pior é que muitos diretores acreditam que as pessoas que estão muitas horas na empresa são os melhores trabalhadores, premiando as que parecem muito ativas e não as que fazem muito no tempo mínimo.

Paradoxalmente, o ser humano está mais atarefado quando não sabe bem o que fazer. Assim sendo, às vezes há chefes que não percebem por que motivo as pessoas não dão rendimento e os resultados não surgem. São os mesmos que dizem «Mas trabalhámos tanto!», sem se aperceberem de que talvez sejam eles os primeiros a simplesmente não trabalhar bem. E há piores: são os viciados em estar no escritório, às vezes porque simplesmente não querem ir para casa. Com efeito, há de tudo.

Muitas pessoas vão trabalhar todos os dias sem saberem qual é exatamente o seu objetivo no trabalho e sem sentirem que existe uma relação qualquer entre o seu rendimento e a recompensa que recebem. E muitos não conseguem ir-se embora, ao fim do dia, sem serem olhados com ar de acusação, independentemente de terem feito três vezes mais trabalho do que os que ficam.

A escapatória à armadilha da atividade improdutiva consiste em premiar as pessoas pela consecução de objetivos e tarefas determinadas, não por acumularem horas ou se fingirem sobrecarregadas e assoberbadas.

Se recompensarmos a ficção, obteremos um grande grupo de atores. Premiemos resultados e teremos resultados.

Aqui vão algumas ideias para pôr a GER em prática e incentivar um clima de produção:

1. Quando as pessoas tiverem terminado o trabalho do dia, estimule-as a irem para casa. Incite-as a que o façam, e olhe com má cara quem fica, deixando ver claramente que o facto de que ainda ali estar o fazer suspeitar de que não é capaz de realizar bem o seu trabalho ou de que não se organiza devidamente e não está a pedir ajuda. Lembre-se de que o tempo é um dos melhores prémios. Assim, permita que os que forem merecedores gozem dele. Não se esqueça de que os funcionários de base ganham muito menos do que os diretores, por isso não há moral para exigir a quem cumpriu a sua tarefa que fique mais horas do que as definidas por incompetência do próprio quadro superior. Os diretores pautam-se pelas responsabilidades e pelos resultados; ninguém controla o seu horário, porque, no fim, o mais importante será o resultado. Também os vendedores funcionam por objetivos de vendas. A sua permanência e até a sua remuneração estão associadas às vendas alcançadas. Portanto, será absurdo falar-lhes de horário de entrada e de saída: eles sabem perfeitamente o que têm de fazer para conseguir as vendas que lhes são exigidas. Por esse motivo, os parâmetros em termos de horário que os chefes definem para si mesmos não são válidos para os outros. Se um diretor trabalhar sempre das oito às oito, é problema seu: ou assumiu demasiada carga ou não sabe organizar-se ou não sabe dizer NÃO ou gosta tanto do seu trabalho que este já quase faz parte do seu tempo de lazer. Nenhuma dessas razões nos dá direito a dispor do tempo pessoal da equipa. O trabalho de um diretor também consiste em manter o pessoal motivado, em forma e com toda a energia. Assim terá a certeza de que, num momento excecional, poderá contar com a sua entrega total em horas e esforço, porque os funcionários sabem que o normal é respeitar-se o seu direito de ir para casa à hora marcada por terem realizado devidamente o seu trabalho. Além disso, se aplicar esta máxima, verá que se cria um

clima de qualidade, de rendimento, de desincentivo à presença pela presença. Além disso, se o chefe ficar muitas vezes sozinho no escritório, também acabará por se ir embora mais cedo e com a sensação de que tudo está a correr bem.

2. Assegure-se de que as pessoas têm o trabalho adequado às suas capacidades. As pessoas que carecem de aptidões, conhecimentos ou formação para uma tarefa perdem uma grande quantidade de tempo e de energia a tentar fazer o que, simplesmente, não sabem fazer. Na maioria das vezes, basta uma dose de paciência, conjugada com a formação e a motivação, e torna-se possível capacitar a maioria das pessoas para desempenharem bem a sua função. **Reserve tempo para formar e desenvolver as competências do pessoal e conseguirá mais tempo e pessoas mais competentes.**

3. Forneça a cada pessoa os instrumentos suficientes para que possam melhorar o seu rendimento. Não ter os meios adequados pode originar terríveis desperdícios de tempo, desmotivação por parte do colaborador e trabalho deficiente.

4. Defina os limites do trabalho de cada um. Todos devem perceber de forma clara o que se espera de si, o que devem fazer e o que é o realmente importante, visto que, de contrário, é possível que se estejam a duplicar esforços ou a gastar-se muita energia em tarefas que não são essenciais.

5. Assegure-se de que cada pessoa percebe como o seu trabalho contribui para o esforço e para o resultado global. Isto é importante por duas razões: primeiro porque aumenta a motivação, se cada um compreender o sentido do seu papel e o valor da sua contribuição para o conjunto. Em segundo lugar, as pessoas que percebem qual é a sua missão na equipa são menos propensas a perder tempo.

6. Ajude-as a organizarem bem o trabalho, a terem prioridades claras, especialmente quando as tarefas ou as urgências se acumulam, e centre-se em exigir o trabalho em dia e bem-feito.

7. Fomente a reflexão e a interrogação. As pessoas que não têm por hábito nem têm tempo para pensar como melhorar o que fazem são uma carga para si mesmas e para a organização. Estimule o pessoal a questionar a forma de fazer as coisas, a experimentar estratégias diferentes, a planear as tarefas. Especialmente quando o trabalho se acumula, ensine-os a parar, pensar, fazer uma lista e começar uma coisa após outra, em vez de se atormentarem a fazer um pouco de tudo e efetivamente não terminarem nada.

8. Elimine toda a decoração. É uma maldição muito generalizada e que desperdiça esforços que não trazem nada de útil. Há pessoas que perdem imenso tempo a realizar uma tarefa simples com trabalho decorativo desnecessário (gráficos, relatórios, listas, documentação inútil, etc.), quando basta uma simples nota ou uma informação sucinta. É fácil cair na armadilha de elogiar essa laboriosidade inútil quase por pena, reforçando assim o desperdício de esforço e de tempo inútil. São estas as mesmas pessoas que nos dizem logo que não tiveram tempo para acabar o importante e que deixam o trabalho «de sapa» a meio. Não premeie quem se dedica a tarefas inúteis... mesmo que as realize magnificamente.

9. Se alguém tiver de fazer um trabalho pontual que requeira grande concentração, convide-a a realizá-lo a partir de casa, em vez de ir para o escritório. Num dia de trabalho, a casa transforma-se num lugar extraordinariamente tranquilo, e em algumas horas apenas consegue-se fazer, nesse ambiente de tranquilidade, aquilo que, no clima alucinante da empresa, demoraria dias. Ao fim ao cabo, o que importa é o trabalho bem-feito, não necessariamente estar no escritório.

10. Se alguém tiver um problema familiar ou pessoal, diga--lhe que, desde que tenha tudo em dia, se pode organizar nessa emergência como desejar. Contar com o seu apoio nesses momentos representa uma das mais apreciadas recompensas para a eficácia, ganhando-se no processo o respeito e o coração dos colaboradores. Pode ter a certeza de que, ao fazê-lo, terá a solução para que o trabalho se realize da melhor forma e não o dececione.

11. Simplifique… mas este será o tema da próxima estratégia.

ESTRATÉGIA 3

Premeie a eficácia silenciosa, não as dobradiças ruidosas.

«Mais uma semana perdida», ia a Ana a pensar numa sexta-feira à tarde, enquanto voltava para casa. Passara quase todo o tempo a ouvir queixas, desculpas e problemas dos chefes de zona que dependiam dela. Um dizia que tinha a pior zona, outro achava que o sistema de comissões era injusto, outros discutiam sobre como distribuir a comissão de um cliente comum. Outros dois protestavam porque problemas pessoais os haviam impedido de visitar o número previsto de clientes e delegações.

Depois disto, a Ana fez, durante várias semanas, um registo por escrito do tempo que reservava para cada colaborador. O resultado a que chegou foi que consumia 90% do seu tempo a ouvir os que trabalhavam pior. Em contrapartida, dava pouca atenção ou nenhuma aos melhores. Perguntou-se o que aconteceria se dedicasse a maior parte do seu tempo e esforço a ouvir e a ajudar os mais produtivos e decidiu experimentar.

Daí em diante, dedicou 80% do seu tempo ao terço superior da equipa de vendas. Aconselhou-os, ajudou-os, ouviu as suas ideias, elogiou-os e transmitiu-lhes todo o tipo de estímulos positivos. Depois, investiu 10% do seu tempo na substituição dos colaboradores que claramente não davam resultados satisfatórios. Ocupou o escasso tempo que lhe restava com aqueles cuja atividade era inferior e que precisavam da sua atenção.

Como é óbvio, a nova política da Ana não agradou aos lentos nem aos ruidosos e ineficazes. Muitos, de início, subiram o tom das queixas e dos lamentos. Mas a Ana decidira deixar de prestar atenção aos que não apresentavam um trabalho de boa qualidade.

A primeira coisa que observou foi um súbito aumento do volume das vendas. A sua atenção agradou aos melhores e foi-lhes muito útil, de modo que começaram a vender ainda mais. Alguns dos que tinham resultados medíocres centraram-se mais em agir do que a procurar desculpas, estimulados por verem que já não se ligava aos refilões e se ouviam mais os eficazes. Ao focar-se nos melhores, a Ana obtinha ainda melhores resultados do que quando tentava ajudar todos e caía na armadilha dos que viviam da queixa sem fazerem o que se haviam comprometido fazer. Esta política continuou a funcionar durante anos, e a nova cultura pouco a pouco foi-se impregnando em toda a equipa.

Um dos valores mais apreciados nas pessoas que trabalham é o sentido da responsabilidade. Em geral, nas organizações, há cinco tipos de trabalhadores:

- Os Falsos colaboradores, que são os que fazem tudo para que o trabalho seja realizado por outros, mas que aparecem para receber a medalha.
- Os Cigarras, que são os barulhentos, os quais falam muito e fazem pouco.
- Os Travões, que são os que atrasam e dificultam o que os outros fazem.
- Os Assistentes, que são os que ajudam os que realizam o trabalho.
- Os Impulsionadores, que são os que realmente puxam o carro e permitem que o trabalho avance.

Seja onde for que trabalhe, desejamos-lhe que se veja rodeado de muitos impulsionadores, alguns assistentes e poucos ou nenhum dos outros. Qualquer organização precisa destes heróis silenciosos, os dos níveis 4 e 5, pessoas fidedignas que sabem realizar o seu trabalho e que o fazem sem chamar a atenção sobre si mesmas. Mas, com demasiada frequência, os méritos desses heróis discretos passam desapercebidos entre os barulhentos que berram, aqueles que reservam o seu tempo a fazer parte dos problemas em vez de os resolverem. Os chefes, como solucionadores natos de problemas, estão habituados a cair na armadilha de dar mais ouvidos aos lamurientos e aos que não dão rendimento, prestando mais atenção aos mesmos e resolvendo as coisas, em vez de ouvirem os bons trabalhadores, que acabam por se sentir abandonados.

A maioria das pessoas não se incomoda por trabalhar arduamente, mas pelo facto de os seus esforços acabarem encarados como algo que se dá como adquirido e que não se valoriza.

Esta realidade desanima, mina o moral de qualquer um, e, quando tal acontece, os bons contra-atacam, poupando esforços e tornando-se improdutivos.

Uma vez, um menino chegou do jardim de infância com um cartãozinho preso à *t-shirt* que dizia o seguinte:

Repara em mim se eu fizer algo bem.

Evidentemente, trazia uma mensagem muito importante da educadora para os pais. Na realidade, o recado queria dizer: «Se só lhe derem atenção quando se porta mal, estão a fomentar o mau comportamento. Se o elogiarem quando se portar bem, irá tentar repetir e, ao mesmo tempo, estarão a ajudá-lo a tornar-se o filho que desejam.»

Claro que na empresa há adultos e não crianças, mas ambos são seres humanos, e **todos somos capazes de qualquer**

coisa para ganhar a aprovação e o apreço de outros. Os diretores que ignoram os seus heróis silenciosos e reservam o seu tempo às dobradiças que rangem talvez em breve se descubram também a ranger.

Para favorecer a eficiência, ponha a GER em prática:

1. Dedique-se conscientemente a identificar e a premiar o bom comportamento. Imagine que ativou conscientemente um radar para «apanhar os seus funcionários a fazerem algo bem». Não se trata de estar sempre a premiar tudo. Observe o que lhe agrada na forma de trabalhar dos seus colaboradores, o que fizeram bem, e, quando a oportunidade certa se apresentar, diga-lhes o que lhe agradou no seu desempenho, simplesmente. Assim não só obtêm uma felicitação merecida, como se sentirão incitados a continuar a bem-fazer: dois em um! **O bom comportamento é algo muito valioso para o deixar passar sem o apreciar**.

2. Identifique os heróis silenciosos da sua empresa e reserve algum tempo para os estimular e recompensar. **As pessoas mais fiáveis passam facilmente despercebidas e não estão habituadas a pedir nada, mas são o núcleo de qualquer organização e de qualquer equipa próspera**. Para os identificar, faça estas perguntas:

- Quem lhe daria um enorme desgosto e representaria uma muito dolorosa perda para a equipa se lhe dissesse que se ia embora da empresa?
- Quem quase nunca não falta?
- Quem faz bem o seu trabalho, mesmo quando é urgente?
- Quem lhe entrega quase sempre o trabalho melhor do que estava à espera e a horas?
- Quem está sempre disposto a dar uma ajuda?
- Quem nunca arranja problemas por fazer um trabalho ou uma substituição?

- Quem tem a certeza de que trabalhará o mesmo, quer o chefe esteja presente quer não esteja?
- Quem nunca dá problemas?
- Quem sofre quando o trabalho não lhe corre bem ou vê que não vai sair a tempo?
- Numa pergunta: Com quem sabe que pode contar sempre e para o que quer que seja? Estas são as suas pessoas-chave, as que merecem o seu melhor tratamento, a sua maior atenção e as melhores recompensas!
- Uma das recompensas que servirão para motivar aos heróis silenciosos consiste em interessar-se especialmente pela sua faceta pessoal, e não só no seu comportamento como trabalhadores. Ouça-os, não lhes recuse ajuda em caso de dificuldades pessoais ou profissionais. Dê-lhes o seu apoio quando se mostrarem inseguros ou desanimados. Interessar-se pessoalmente pelas pessoas valiosas é necessário para construir laços de lealdade, apreço, motivação e confiança.
- É nos momentos da verdade que se devem manifestar estas atitudes. Quando surgir esse problema pessoal importante, essa circunstância adversa, esse favor e apoio de que se necessita, terá de estar presente e de dar essa ajuda e lealdade a quem merece com generosidade e justiça e surpreendendo com mais do que o esperado, pois essas são situações-chave para ganhar, ou perder, os corações dos funcionários válidos. Este é um traço distintivo de todos os bons dirigentes que conheci; nunca falham aos seus colaboradores eficientes quando estes necessitam do apoio do chefe.

3. Desconfie das dobradiças que rangem e não as lubrifique.

A Ana conseguiu melhorar o rendimento da sua equipa sem dar sermões e sem suplicar ou discutir com ela. Bastou premiar os mais eficazes concedendo-lhes mais tempo e atenção e tirar da equipa quem todos percebiam que não colaborava. A mensagem foi captada de forma clara por toda a empresa. Usou bem a GER como ferramenta para direcionar as pessoas para o que esperava delas.

Uma coisa que não se deve fazer é ajudar quem cria crises. Diga-lhes que é um assunto da sua competência e que tentem resolver o problema: quem cria problemas intencionalmente, em vez de se livrar deles, terá mais trabalho. Por exemplo, quem critica as soluções nas reuniões o melhor é tratar de apresentar uma alternativa melhor para a seguinte. Não evite atribuir trabalho aos profissionais da confusão, convictos de que essas tarefas acabarão por passar para outro. Se determinada pessoa é das que habitualmente se queixam ou das que não concluem bem os trabalhos e consegue que não lhe atribuam mais coisas, ignore-a! Não perca tempo com pessoas complicadas. Estabeleça para elas tarefas muito concretas e, se não as cumprirem, deverão ficar expostos, sem dúvidas ou ambiguidades.

Sentir-se-á tentado a fazer o trabalho por elas e, desta forma, avançar, mas assim só conseguirá resolver o problema hoje e ficar pior amanhã. As suas ações devem transmitir de forma constante e inequívoca que a sua regra de conduta valoriza sempre a eficácia, o contributo de qualidade e o trabalho bem-feito.

Convém distinguir alguém que tem um problema das pessoas problemáticas. Os primeiros merecem o nosso apoio, os segundos não. Pense que não se poderá permitir este erro e, da próxima vez que sofrer a tentação de se esquecer dos heróis silenciosos, lembre-se do sentimento de um trabalhador extraordinário, frustrado, que comentava, desanimado, com um amigo: «Será que ninguém vê que estou a trabalhar bem? Será que sou eu quem está errado e não vale a pena esforçar-me?»

ESTRATÉGIA 4

Premeie a criatividade aplicada, não o conformismo.

Uma vez, um banqueiro enfurecido disse a um inventor que levasse «aquele brinquedo» do seu escritório e não o fizesse perder mais tempo com ideias inúteis. Esse brinquedo era o telefone.

Em 1976, um jovem engenheiro fartou-se de desenhar microcircuitos integrados para computadores e solicitou por três vezes que o deixassem projetar uma ideia que tinha para criar aquilo a que chamava computador pessoal. Por três vezes essa tola e imprestável ideia foi recusada pela empresa. Posto isto, foi para casa e, na garagem, montou uma pequena oficina. Construiu aquilo que desejava e chamou-lhe Apple. Hoje em dia, esta «tolice» vale milhares de milhões de dólares.

Há alguns anos, um francês «lunático» disse que se poderiam criar lojas onde não houvesse funcionários, em que tudo estaria em prateleiras para permitir que o cliente se servisse diretamente, transportasse os produtos num cesto e à saída pagasse. Ninguém apoiou esta ideia. O «lunático» avançou e criou a primeira grande cadeia de supermercados, marcando o início da distribuição moderna.

O ativo mais importante de qualquer empresa, em qualquer setor, não é o dinheiro, nem os imóveis, nem a maquinaria, mas as ideias. Até Einstein considerava que a imaginação é mais importante do que os conhecimentos. Toda a gente é capaz de imaginar uma ideia nova. Se ainda duvida, pare para pensar no que somos capazes de inventar com o objetivo de poupar trabalho. Ou reúna umas quantas pessoas para um bom *brainstorming* sobre como solucionar um problema e descobrirá quanta criatividade transporta quem o rodeia.

O que escasseiam são pessoas inovadoras, os inconformistas teimosos que são capazes de tudo para levar em diante uma nova forma de fazer as coisas. Estar a favor da inovação é equivalente a dizer que se está a favor da paz. Quem vai dizer que está contra? Mas a maioria das organizações limita-se a declarar-se a favor da inovação «da boca para fora». De modo geral, não se olha com carinho e admiração quem propõe formas inovadoras de fazer, novos sistemas ou métodos.

A inovação é muito sensível aos impulsos externos, e por isso à GER. Para a alcançar, terá de a solicitar, de a provocar e premiar.

Deve criar-se um ambiente aberto à inovação, e aqui vão vários ingredientes exigidos pela empresa que vive neste clima:

1. Tolere os fracassos de quem está a fazer coisas novas. Thomas Edison realizou mais de seis mil testes antes de descobrir um filamento que servisse para as lâmpadas. Se estiver disposto a inovar, deverá estar pronto a admitir muitos fracassos pelo caminho.

2. As novas ideias frequentemente não são mais do que uma nova disposição e combinação de coisas que existiram desde sempre. Experimente formas diferentes e encontrará perspetivas diferentes. A inovação surge testando novas maneiras de atuar: não basta pensar, terá de agir para aprender.

3. Peça ao pessoal da sua empresa que proponha ideias sobre como consideram que os outros departamentos deveriam atuar. Muitas vezes quem está mergulhado no problema é quem vê a solução com mais dificuldade.

4. Faça desafios radicais e encontrará ideias radicais. Impor metas «absurdamente ambiciosas» suscita que se procurem outras perspetivas e ideias, visto que é evidente que, com a presente forma de agir, não será possível estar à altura do desafio. Como poderíamos fazê-lo a metade dos custos ou em metade do tempo? Desafios deste tipo despertam uma revolução de perspetivas.

5. Procure o mais simples. Tendemos a complicar as coisas, e a melhor inovação é a que simplifica de forma espetacular.

6. Proíba a palavra «impossível». Responda com «Impossível se continuarmos a fazer o mesmo» e acompanhe esta frase da pergunta mágica da inovação: «De que outra forma se poderia fazer?»

7. A tecnologia dá-nos novas oportunidades todos os dias e, portanto, novos hábitos e enquadramentos. Aproveite o que é novo, aprenda, não seja preguiçoso a usar os novos programas, as novas máquinas e aparelhos eletrónicos, os novos meios de comunicar. Quanto mais cedo começar mais depressa irá descobrir como o podem ajudar a evoluir.

A inovação é a arte de criar coisas e sistemas diferentes. Mas deve ser útil e rentável; se não for assim, não é inovação, é complicação. Inovar para complicar? Não, obrigado.

Há uma velha lenda urbana que conta que, quando os americanos saíram para o espaço, ficaram alarmados porque, na ausência de gravidade, as canetas não poderiam escrever, e investiram uma grande quantia no desenvolvimento de um tipo de caneta capaz de funcionar nesse contexto. Os russos, que não dispunham de um orçamento tão elevado, quando foram confrontados com o mesmo problema, decidiram introduzir uma inovação que acabou por dar um excelente resultado: usaram lápis. O mais incrível é que a história consegue melhorar. O lápis foi rapidamente descartado porque, em atmosferas de oxigénio enriquecido, era um elemento inflamável, e os norte-americanos confiavam nas suas caríssimas canetas Fisher, que funcionavam no espaço. Quando se realizou uma missão internacional mista, o astronauta espanhol Pedro Duque observou durante os treinos que os russos usavam as esferográficas normais que haviam sido produzidas como recordação da missão. Não disse nada e meteu uma dessas canetas no bolso, visto que era a sua primeira missão, mas levou também a sua supercaneta da NASA. Quando estavam no espaço, viu com surpresa que as canetas normais funcionavam perfeitamente em imponderabilidade. A caneta espacial nunca foi necessária! Os norte-americanos gastaram muito dinheiro e complicaram para nada.

ESTRATÉGIA 5

Premeie a ação decisiva, não a paralisia pela análise.

«Direto» e «Voltas» eram dois profissionais que trabalhavam para um mesmo chefe. Certo dia, o chefe apresentou a cada um deles um problema que deveriam resolver. Direto, profissional prático e decidido, elaborou uma solução, eliminou o problema e informou o chefe nessa mesma tarde. O chefe ficou muito satisfeito com o facto de ele ter resolvido a questão, mas deduziu que o problema não deveria ser assim tão complicado, se Direto lhe conseguira dar resposta com tanta prontidão. Assim, disse-lhe umas palavras cordiais de agradecimento e considerou que ele se limitara a cumprir o seu trabalho.

Voltas, por seu turno, era mestre na arte de empolar as coisas. Aprendera que, para obter boas recompensas, não era preciso resolver problemas, mas «analisá-los» e «processá-los». De maneira que Voltas abordou assim o assunto:

- Criou um processo. Quando o chefe lhe perguntava sobre o assunto, respondia: «Estou a reunir dados para o dossiê que abri para isto.»
- Enviou a todas as pessoas imagináveis um comunicado onde as informava que eram participantes na resolução do problema.
- Comparou tudo e fez um longo relatório recomendando mais aprofundamento e a consulta de mais pessoas.
- Nomeou uma comissão que se reuniria para debater o problema e todas as suas ramificações.
- Convenceu o chefe a participar nessa reunião, a que deveriam assistir pessoas de outras áreas envolvidas, para tentar definir uma linha de direção comum.
- Selecionou cuidadosamente um segundo grupo de trabalho, que analisaria cada alternativa possível.

- Deu ordem ao departamento de informática para que procedesse a adaptações complexas e desenvolveu um manual de procedimentos com todos os elementos, enviando cópias a toda a gente.

Porque se comporta Voltas desta forma? Ao substituir a ação pela análise, ganha três pontos a seu favor:

1. Não assume qualquer risco.

2. Consegue destacar-se e estabelecer relações com toda a empresa.

3. Exibe-se perante o chefe: «Este Voltas é o líder de que precisamos. Dei-lhe um problema difícil, e não deixou pedra sobre pedra. Pôs toda a gente a mexer e está a conseguir levar o caso a bom porto.»

Claro que possivelmente os Voltas acabam por exasperar toda a gente, e todos acabam por lhes vir comer à mão, por cansaço. Ou afundam simplesmente a empresa sem mais ou acabam diretores porque às vezes se cumpre um curioso axioma que diz o seguinte: «Todo o idiota acaba por encontrar outro idiota mais idiota do que ele, que o considera um tipo admirável.»

Quanto a Direto, pode ocorrer uma destas duas coisas:

1. Acabar por imitar a Voltas, farto de a sua eficiência prática e operativa não ser apreciada.

2. Abandonar a empresa para procurar um lugar onde lhe reconheçam a eficácia.

Em ambos os casos, é a empresa quem fica a perder. Na sua empresa, quem se recompensa, os Diretos ou os Voltas?

Demasiadas empresas sofrem de falta de solucionadores e de uma superabundância de chefinhos ruidosos. São dirigidas por gente que sabe realizar reuniões intermináveis, mobilizar muitas pessoas, fazer grandes relatórios e estudos, analisar dados e números, mas que é incapaz de decidir, de assumir e de transmitir um rumo concreto. Claro que é necessário pensar e analisar quando a ocasião o requer, mas para obter bons resultados não é preciso tanta conversa. Frequentemente, o mais produtivo é o seguinte:

Decidir o que convém fazer e fazê-lo logo!

As pessoas decididas destacam-se depressa face à inação das outras. **Muitas sabem opinar, analisar e criticar, e questionar as ideias de outros nem se fala, mas poucos são capazes de propor, de decidir e de as implementar até ao fim**.

Muitos profissionais com um elevado nível de responsabilidade não têm as atitudes ou a autoconfiança necessárias para fazer o que tem de ser feito e decidir o que terá de ser decidido quando chega o momento de tomar as rédeas.

Assim sendo, penalize a indecisão, a papelada, o dar voltas e voltas aos assuntos sem optar por qualquer hipótese. Quase todos temos dificuldade quando nos cabe decidir coisas delicadas, e o mais fácil é enredarmo-nos e empolá-las. Eis algumas ideias que podem ser úteis:

1. Habitue-se a decidir. De início, irá enganar-se muitas vezes, e, mesmo quando a decisão for acertada, talvez a possa comunicar mal. Mas melhora-se com a prática, como em qualquer outra atividade. No fim, vai ver que o seu nível de sucesso será elevadíssimo, porque a experiência lhe dará uma boa capacidade de avaliar. Em todo o caso, é bom lembrar que mais vale acertar apenas 70% das vezes em que toma uma decisão do que não fazer nada 100% das vezes, na dúvida.

2. Não permita que os «profissionais escorregadios» lhe devolvam o problema. Quando delegar uma decisão nestas pessoas, não tolere que façam marcha-atrás. Se tentarem esquivar-se ao assunto, peça-lhes que ponham por escrito, no mínimo, duas ideias sobre como irão agir, e, quando o tiverem feito, deixe que executem a que foi escolhida. Verá que deixam de o fazer perder tempo e que da próxima vez se empenham, ao perceberem que já não premeia a delegação do problema.

3. Pondere o que pode ganhar e perder se levar essa ideia avante. Ponha-a por escrito e fale dela com alguém da sua confiança. Isso irá ajudá-lo a limpar os fantasmas e o medo de decidir. Ao concretizar por escrito os prós e os contras, verá de forma mais clara a opção adequada.

4. Uma vez tomada a decisão, explique à equipa o porquê da sua decisão. As pessoas envolvem-se mais se compreenderem o que está por detrás das suas decisões e, assim, ao mesmo tempo, elimina a «matutação negativa» que se origina quando as pessoas não estão a par desses motivos e imaginam versões «aterradoras».

5. Premeie a simplicidade, e para isso vejamos a estratégia que se segue.

ESTRATÉGIA 6

Recompense as soluções sólidas a longo prazo, não as imediatas que distorcem o futuro.

A meio do ano, quando o Martim reviu os resultados, a sua primeira reação foi a seguinte: «Precisamos de um milagre.» Nessa mesma manhã, o chefe dissera-lhe que a direção se estava a preparar para uma forte reestruturação que afetaria as divisões menos rentáveis e a parte administrativa. Como tantos outros diretores de hoje, o Martim estava a ser pressionado para que procurasse uma solução rápida e de curto prazo.

E fê-lo! De forma quase imediata, prescindiu de todos os colaboradores externos, das subcontratações e dos funcionários temporários. Do mesmo modo, cancelou as compras e todos os projetos de desenvolvimento que estavam a ser realizados. Também cancelou a formação do pessoal, determinante para os novos desafios que teriam de assumir no ano seguinte. Mas dessa forma conseguiu o impossível: os números foram anunciados como sendo positivos, e os resultados finais chegaram a alcançar uma impensável margem de lucro. Isto agradou ao presidente, que fizera promessas retumbantes ao conselho, porque esperava que os seus êxitos lhe reservassem de imediato um destino profissional ainda mais elevado. Assim, procurou que o Martim ficasse como herói da empresa, como alguém que sabia como fazer as coisas, e concedeu-lhe um bom prémio por ter obtido esse resultado.

Mas a história não acabou por aqui. A ajuda do Martim deixou consequências a médio prazo. Durante anos, a sua empresa gozara do privilégio de ser a única no seu setor a não estar sindicalizada. Isto pressupunha a enorme vantagem de não ter conflitos laborais, difíceis negociações profissionais ou greves. Quando os grandes projetos começaram a aparecer, ninguém estava preparado, e os meios não estavam disponíveis. Também não havia funcionários juniores formados para assumir todo o trabalho que chegava dos clientes, além de que prazos e qualidade não eram satisfeitos.

Com tudo isto, em alguns meses, o pessoal estava indignado com a falta de meios e com a sobre-exploração. Este clima foi devidamente aproveitado para sindicalizar os trabalhadores, com um sucesso sem precedentes. Os clientes perderam a confiança na empresa, e a concorrência começou a ganhar terreno a uma velocidade inesperada. O chefe do Martim, por essa altura, já conseguira a desejada promoção internacional, e o Martim foi o bode expiatório da ira do novo chefe, que não conseguia compreender como um diretor do seu nível pudera ter revelado uma incompetência tão profunda. O novo chefe não queria acreditar no desastre que tudo representava e não conseguia os números de que necessitava. Assim, depois de eliminar o Martim, pôs no seu lugar um homem da sua confiança, a quem prometeu uma brilhante carreira ascendente se conseguisse que os números dessa divisão voltassem a brilhar, e de forma imediata. Adivinham o que fez o novo líder? Isso mesmo: tudo para ganhar a promoção. Cortou em toda a linha, sem olhar ao futuro. Pouco importou então que essa divisão fosse fechada poucos anos mais tarde, por se considerar improdutiva.

Ao que parece, o discurso da direção de topo é o seguinte: «Quero resultados sustentáveis a longo prazo, mas quero-os já, seja como for!» Vivemos na cultura do instante, que se aprecia por dar solução rápida hoje, sem olhar às consequências no amanhã. Muito frequentemente atribuímos uns aos outros medalhas por soluções de curto prazo que, no fim de contas, acabam por criar mais problemas do que os que haviam resolvido.

Toda a gente sabe que o futuro é para quem é capaz de o preparar. Mas a nossa cultura empresarial embotou-nos, fazendo-nos acreditar que o amanhã sabe sempre cuidar de si mesmo. Como um pai dececionado descobriu: «Quis convencer o meu filho de catorze anos da importância de poupar uma parte da sua mesada contando-lhe a fábula da cigarra e da formiga. Expliquei-lhe que a formiga trabalhara durante todo o tempo bom, enquanto a cigarra cantava e se divertia. E, quando chegou o inverno, a cigarra ficou sem nada para comer, enquanto a formiga estava abastecida de tudo. Ora, quando lhe perguntei que moral tirava desta história, disse-me: "Diverte-te enquanto puderes e depois torna-te amigo de uma formiga rica que te sustente."»

As soluções sólidas requerem tempo, previsão, perseverança, paciência e disciplina, e a compensação, mesmo que se veja apenas a longo prazo, normalmente é substancial. Muitas vezes chega «a sorte» que curiosamente acompanha os que trabalharam muito e bem, os que estavam preparados para a aproveitarem. As ações no sentido de resolver o problema até à próxima vez apenas adiam o mesmo, quando não o agravam. Qual dos dois comportamentos a empresa onde trabalha tende a premiar? Vê-se com melhores olhos quem faz bem as coisas, com coerência e solidez, ou quem apresenta números espaventosos, mesmo que esteja tudo malfeito e o pessoal das suas equipas esteja exausto e desagradado? Para fomentar as soluções sólidas e desincentivar os atalhos de curto prazo, podem fazer-se várias coisas:

1. Projetar as recompensas a longo prazo para os diretores. Por exemplo, uma parte do prémio anual poderia ser atribuído a médio prazo (entre três e cinco anos) pela consecução de diversos objetivos quantitativos e qualitativos no final desse período. Assim, terá de se pensar duas vezes antes de fazer barbaridades absurdas para salvar o trimestre em troca de hipotecar o ano seguinte.

2. Acrescentar como fator do prémio dos diretores pelos resultados o que se alcançou numa medição anual da qualidade da sua direção e do clima profissional da sua área, visto que, quando as pessoas falam mal de um chefe e o ambiente de trabalho se torna pesado, isto sempre é indicador de que não se está a trabalhar bem, mesmo que os números aparentem outra coisa.

3. Definir um ou dois fatores estratégicos para o sucesso a longo prazo e premiar o pessoal que contribua para esses fatores. Se a melhoria da qualidade é essencial, premeie quem a conseguir alcançar; se o trabalho em equipa for determinante, recompense quem for exemplar nesse campo, quem fomentar a coesão entre departamentos e ganhar o respeito e o apreço de todos; se aquilo de que se precisa é de ganhar uma fatia de mercado de forma rentável, terá de recompensar especialmente este aspeto. Premeie quem se centrar em seguir o plano esboçado. E não se esqueça de EXPLICAR a todos o QUANTO ANTES e DE FORMA CLARA quais são esses fatores estratégicos.

4. Faça com que uma parte substancial das remunerações variáveis de qualquer funcionário dependa da prosperidade de toda a empresa. Deste modo, toda a gente terá incentivo para colaborar mais com os colegas, para ser mais produtivo, mais poupado e mais direcionado para o cliente.

Claro que o curto prazo não deve ser ignorado. A missão de qualquer diretor consiste em **encontrar o justo equilíbrio entre os benefícios de hoje e fazer o que nos levará a um amanhã melhor**. Ambas as coisas são essenciais. Os chefes que cumprem os objetivos, e que o fazem ganhando o apreço de todos e criando uma empresa mais forte e mais capaz, exigem muito mais atenção e melhores prémios, porque são os mais valiosos e os mais difíceis de encontrar.

O sucesso a longo prazo nos negócios é difícil, visto que as tentações de enveredar pelos enganadores atalhos que resolvem o hoje em troca de nos complicarem o amanhã são muitas e atrativas.

ESTRATÉGIA 7

Premeie o espírito de risco, não a cautela do timorato.

— Será que aqui ninguém se quer responsabilizar por nada? — bramava Eduardo, diretor de uma secção territorial de uma grande entidade financeira.

Logo que Michael, um consultor veterano, entrou no seu gabinete, percebeu que ele estava furioso e que tinha dificuldade em conseguir que os diretores das zonas e das sucursais se comportassem como verdadeiros diretores.

— É que não percebo — dizia Eduardo. — Supõe-se que essa gente foi nomeada para tratar das coisas, e a única coisa que recebo é um monte de desculpas sobre os motivos pelos quais não se faz nada. São tão ridículas que comecei a apontá-las numa lista. Veja só as que recebi em um mês. — E atirou um papel para cima da mesa de reuniões com um gesto de aborrecimento.

- Não tive tempo.
- Isso não depende de mim.
- Não era competência da minha sucursal.
- Não me pediu especificamente a mim.
- Isso é culpa da central.
- Esqueci-me, estava muito ocupada.
- Sempre se fez assim.
- Não recebi a documentação.
- O senhor disse que tinha de fazer desta forma.
- Já não sei a quem me devo dirigir sobre este assunto.

Michael lembrou-se que uma conhecida sua era diretora de uma das sucursais do banco e aproveitou para lhe perguntar:

— Que tal vai aquela jovem, a Marina?

— A Marina? — respondeu Eduardo. — Acho que está a fazer um bom trabalho. — Fez uma pequena pausa enquanto procurava os dados sobre ela no computador e depois continuou: — Em linhas gerais, teve uma boa atuação. É a sucursal que tem menos créditos falhados. Estuda as operações e as garantias com grande minúcia. Comercialmente, vai muito bem. É uma colaboradora que trabalha arduamente, presta atenção aos pormenores e é leal à entidade. Teve uma boa evolução, visto que começou como caixa e foi subindo graças ao facto de não ter cometido qualquer erro e de seguir sempre os procedimentos.

Então, o consultor compreendeu que acabava de ouvir tudo aquilo de que necessitava para saber qual era o problema de Eduardo.

Alguma vez trabalhou numa organização onde a regra para progredir é «não cometer qualquer erro»? Trata-se de algo paralisante.

Um erro inteligente faz parte do pequeno preço a pagar pelo progresso individual, pela evolução e pelo aperfeiçoamento dos profissionais, e a evolução definitiva da empresa.

Todos temos tendência para fugir do risco, porque o fracasso dói! Mas não se deve esquecer que **o maior fracasso é garantido pelo facto de se evitarem constantemente os riscos**. Nunca se atrever por medo de falhar implica não evoluir, não melhorar... e, além disso, é terrivelmente aborrecido!

As pessoas de baixo perfil diretivo podem ser excelentes gestores de tarefas, aspiram à segurança, procuram fazer tudo aquilo que não lhes complique a vida, adoram as rotinas e aplicam as mudanças muito lentamente.

Os diretores proativos resolvem e são eficazes, gostam de ultrapassar as dificuldades, questionam o que é feito, desejam o sucesso da equipa (no sentido de se alcançarem as metas, mesmo saindo da rotina), adoram a qualidade sem nunca perderem a visão da mudança, da melhoria, de experimentar formas diferentes de fazer. Não se assustam com as responsabilidades e automotivam-se com os grandes desafios. Talvez queira recordar estes tópicos da próxima vez que contratar alguém para este perfil.

A maneira de impedir que se crie um clima de timoratos e de fomentar a ousadia é criar um ambiente que promova, premeie e apoie a ação. Tendo este objetivo em mente, podemos definir várias diretrizes para criar este ambiente saudável:

1. Crie uma cultura aberta aos erros inteligentes, ensinando que fazem parte do custo do progresso. **Um erro demonstra que alguém parou de falar e se pôs a fazer algo**. Só não erra quem não faz. O importante é tirar proveito dos erros e rentabilizá-los como aprendizagem de qualidade.

2. Dê-se a si mesmo como exemplo de ousadia. Partilhe com a sua equipa alguns dos seus próprios erros. Se for dos que tomam decisões, terá exemplos em torrão! Fale também dos riscos que o

fizeram hesitar e que acabou por aceitar e de como isso foi útil. Ria-se com a sua equipa de algum erro cometido que o tempo demonstrou ter valido a pena por tudo o que aprendeu com ele. (Se não tiver cometido nenhum erro ultimamente, talvez deva começar a preocupar-se, porque isso significa que há algum tempo não realiza nada.)

3. Não se permita, ou aos outros, perder tempo a debater riscos reduzidos. A melhor forma de resolver o mistério é fazê-lo, e logo se verá se era bom ou não, porque a pior decisão é a indecisão.

4. Celebre também os reveses dos que se atreveram a fazer o que era preciso e não correu bem. É evidente que os maiores louvores serão para quem tenha assumido grandes riscos coroados pelo sucesso. Mas, como se vê no desporto profissional, as vitórias não dão problemas. É na derrota, quando seguimos o caminho certo e nos entregamos plenamente, que mais precisamos de ajuda e de apoio e que mais os valorizamos.

5. Quando alguém comete um erro por ter agido com decisão inteligente, primeiro aprecie e aplauda a ação e, calmamente, corrija o que correu mal para que se aprenda com o erro. Não dispare contra o fiasco de quem agiu na linha certa, mas errou porque algo não correu bem.

6. Apoie riscos inteligentes, não a temeridade do tolo. Há pessoas que se acham muito ousadas, mas são simplesmente selvagens, o que não é a mesma coisa. Não fomente a ausência de rumo, a estupidez de quem não perguntou ou agiu de forma absurda; isto não é ousadia, é tolice.

Conheço uma empresa em que a inovação é totalmente estratégica para o futuro, e nela toca-se três vezes um grande sino para celebrar o «fracasso perfeito», o que se faz para estimular a experimentação e fomentar a ousadia. A direção desta empresa sabe que a investigação é uma atividade arriscada e cheia de momentos ingratos. Terminar com um bom número de ideias válidas significa necessariamente ter começado a desenvolver um muito maior número de ideias. Quando um projeto não dá resultado e se decide abandoná-lo, tocam o sino, brincam por um instante e logo passam a testar outra ideia. Quando acertam, repicam o sino com vontade, e toda a empresa se alegra e festeja esse espírito de iniciativa e aprendizagem.

Mas cuidado! Não se trata de esconder as coisas malfeitas ou de dar a cara por quem não mediu bem seus atos. Se encobrir os maus funcionários, acabará por ser vítima dos mesmos.

O estabelecimento de um clima de ousadia é o primeiro passo para desenvolver dois dos ativos mais ilimitados da empresa, a CRIATIVIDADE e a PARTICIPAÇÃO, e é precisamente do primeiro que nos ocuparemos na próxima estratégia.

ESTRATÉGIA 8

Premeie a simplificação, não a complicação inútil.

«Tornar fácil o fácil.» Simples de dizer, mas mais difícil do que parece porque, pelo que se vê, o mais fácil é complicar as coisas.

Se se aproximar de um funcionário que esteja, por exemplo, a preencher um formulário, a fazer um relatório ou a arquivar coisas e lhe perguntar o que está a fazer, descobrirá muitas vezes complexos procedimentos para tratar do que poderia fazer-se de forma muito mais simples. De onde saem tantas regras, arquivos, protocolos, processos, etc.? Certamente muitas das coisas que se fazem um dia tiveram sentido, mas hoje talvez já não sejam necessárias. A complexidade tende a dominar as empresas e os processos e é um monstro que se autoalimenta. De um trâmite cuja origem se desconhece surge outro, e deste mais outro para organizar o anterior, e daí outro que controle este último, e daqui meios para o fazer, que exigem, por sua vez, múltiplos procedimentos e tarefas, e mais meios ainda. E quando nos damos conta, para pedir um simples bilhete de avião, há um protocolo desproporcionado a cumprir, com o desperdício de tempo, esforço e dinheiro que tudo isso pressupõe. E, quando tentamos averiguar o porquê de toda essa confusão, normalmente dizem-nos: «Tem de ser assim.» Quase assusta voltar a perguntar porque imaginamos logo que a resposta mais provável seria: «Para que o monstro não morra de fome!»

No entanto, **a verdadeira essência da eficácia é manter tudo tão simples quanto possível**. Quanto mais complexa e maior for a organização, mais necessária se torna a simplicidade. Mas manter as coisas simples é uma tarefa extremamente árdua. As boas empresas e os bons diretores não poupam esforços para manter essa simplicidade e evitar que tudo se disperse no ruído quotidiano.

Os fundamentos da simplificação e a melhoria dos processos podem resumir-se em três palavras:

SIMPLIFICAR = ELIMINAR O DESNECESSÁRIO

Entendendo-se como desnecessário tudo o que não contribui com utilidade prática para a tarefa, para alguém ou mesmo para os resultados.

Mas muitas organizações caem na armadilha de premiar quem complica os assuntos e de não ouvir aqueles que propõem fazer as coisas de forma simples. As organizações simples reagem mais rapidamente, têm mais flexibilidade e estão mais bem preparadas para enfrentar as mudanças e explorar as oportunidades. Aplique as estratégias simplificadoras que se seguem para agilizar as suas atividades pondo em prática a GER:

1. Peça a todos que respondam a esta pergunta: O que acha que poderíamos simplificar que o beneficiaria a si mesmo ou

à empresa, e como acha que isso se deveria fazer? O melhor sítio para procurar a simplificação é perguntar a quem sofre do contrário. **Todos vemos mais claramente as soluções para os problemas dos outros do que para os nossos**.

2. Simplifique as estruturas e os canais de comunicação. Evite que o organigrama da sua área se exceda. Quanto maior é uma estrutura hierárquica, mais difícil é a comunicação. Pergunte-se se cada cargo vale o que custa e se contribui na mesma medida, se realmente oferece valor ao conjunto. Deverão avaliar-se todos os cargos e organigramas; lembre-se de que devem estar ao serviço do objetivo, e não ser o objetivo em si. À medida que as metas e as estratégias mudam, deveriam mudar-se as estruturas, posto que **a organização que ontem era válida pode ser o estorvo de hoje**.

3. Simplifique os procedimentos e os controlos. A simplificação de tarefas é mais fácil do que parece. Trata-se de assumir um procedimento e de o decompor no maior número possível de passos detalhados, e, depois de registados por escrito, de os analisar a todos, um a um, para ver qual é dispensável, qual se pode fazer de outra forma, etc.

Aplique a regra-chave: NA DÚVIDA, SIMPLIFIQUE.

4. Simplifique os comunicados escritos. O excesso de informação é a melhor maneira de paralisar o ser humano.

Como dizia Baltasar Gracián há «apenas» quatrocentos anos: *O bom, se for breve, é duas vezes bom*. Os comunicados escritos devem reduzir-se ao máximo. Limite, assim, a dimensão da documentação escrita e dos relatórios. Por exemplo, no máximo 14 linhas para um *e-mail*, no máximo uma página (de um só lado) para relatórios disto ou nunca mais de cinco linhas para incidências daquilo.

5. Faça do seu telemóvel um colaborador, não o seu dono. É uma máquina que pode usar, não para ser excessivamente usada pelos outros, quando lhes apetecer. Reserve um período concreto do dia para devolver chamadas, uma após outra. Não atenda sempre, tem direito a estar ocupado, mas seja simplesmente muito bom a devolver chamadas, e em breve os outros limitar-se-ão a deixar-lhe o recado de que precisam de falar consigo, sendo então o próprio a decidir quando ligar. Se tiver colaboradores que precisem de o consultar quanto a determinados assuntos, marque uma hora determinada do dia para que lhe telefonem; desta forma, acumularão as consultas numa só chamada e aprenderão até a ir resolvendo certas coisas por não estarem à espera de falar consigo. No entanto, deve atender sempre as chamadas feitas dentro desse horário (ou devolvê-las, se estiver ocupado). Seja disciplinado se lhe ligarem fora desse horário por causa de uma trivialidade e diga ao seu colaborador: «Falamos disto no horário das chamadas.» Se recompensar a sua equipa com qualidade de comunicação quando lhe ligarem no horário convencionado, verá que em breve todos acabarão por dizer: finalmente sabemos quando podemos falar com o chefe, e ele presta-nos um excelente atendimento!

6. Premeie os simplificadores e os economizadores. Uma vez disseram aos funcionários de área de uma empresa que ficariam com 30% de tudo o que poupassem nesse exercício, na condição de se manter um serviço excelente. Conseguiram poupar e simplificar três vezes mais do que o previsto! Convém ter sempre presente que, se se operar com uma margem de lucro de 10%, cada unidade economizada (euro, dólar, etc...) contribui na mesma medida para o negócio que 10 unidades vendidas. Permita que o pessoal também beneficie dessa poupança e não guarde elogios para os que sabem administrar simplificando recursos. Ora, se utilizar a simplificação para despedir pessoas, não espere colaboração.

Conheço um empresário que paga um prémio adicional e oferece melhor emprego a todas as pessoas que lhe apresentem uma proposta para eliminar o seu próprio cargo. Isto, sim, é aproveitar a GER!

7. Use o *e-mail* e o WhatsApp com prudência e inteligência. Habitue-se a esvaziar a caixa de mensagens recebidas todos os dias. A alguns parecerá impossível, mas faça-o mesmo, durante uma semana apenas, e verá que aprende depressa: envie para a pasta de correio eletrónico «não solicitado» o que não lhe for útil, crie uma pasta designada «biblioteca» para guardar sem ler o que não for prioritário, o que lhe enviam em cópia e informações não relevantes. Apague, apague e apague. Não tenha medo de eliminar, e, se eliminar algo importante, não há problema, há de voltar. Responda depressa ao que se pode resolver depressa. Reserve um horário fixo para se concentrar nos *e-mails* (por exemplo, das 9 às 10h e das 16 às 17h) e não esteja o dia inteiro a consultar com frequência aquilo que chega, porque isso distrai a mente, torna-o muito mais lento, deixa-o stressado e fá-lo-á perder muitíssimo tempo. Evite consultar assuntos privados em horário de trabalho (Facebook, WhatsApp de amigos, chamadas familiares…) Trate disso quando sair do trabalho. Crie uma conta nova para tudo o que é pessoal ou comercial (páginas *web* de viagens, bancos, etc.) e assim evitará que as mensagens pessoais se misturem com as de trabalho. Aprenda a sair dos «grupos» que não lhe forem úteis e que lhe roubam muito tempo; há muita gente ociosa que envia mil coisas, e cabe-lhe a si saber dizer NÃO. Seja breve nos seus *e-mails* e peça brevidade à sua equipa. Evite as cadeias de *e-mail* ou WhatsApp com outra pessoa, quando vê que a conversa *online* entrou num «vaivém»: se for o caso, liguem uns para os outros e falem de uma vez!

ESTRATÉGIA 9

Premeie o trabalho de qualidade e não as trapalhices salvadoras.

A melhor maneira de assegurar o sucesso de amanhã é fazer hoje um trabalho de qualidade. Na nossa sociedade vive-se de forma imediata, prima a rapidez. Toda a gente quer as coisas para ontem, e o resultado consiste muitas vezes em improvisações, maus processos e corridas com escassa qualidade.

Como podemos fazer em menos tempo? Como podemos fazer mais barato? Estas duas perguntas são as que mais frequentemente se ouvem para melhorar a produtividade.

Mas, no esforço de alcançar o rápido e o barato, esquecemos frequentemente **a pergunta que deveria estar à frente de todas as outras:**

Como podemos fazer tudo bem desde o princípio?

Os japoneses já demonstraram que a solução para melhorar a produtividade residia em trabalhar melhor, o resto (a rapidez e a economia) surge como consequência disso, e raramente é ao contrário. A qualidade, à partida, custa mais dinheiro e esforço, a não qualidade custa menos, mas tem um inconveniente: deixa-nos na ruína!

A melhoria de qualidade encerra uma série de importantes compensações a longo prazo:

- Os custos baixam: fazer as coisas bem desde o princípio reduz os custos das verificações, de resolver os defeitos e deficiências, de pagar erros e reclamações. Quanto tempo e recursos se investem em muitas de empresas para remediar os problemas provocados por não se fazerem as coisas bem desde o primeiro instante? Como disse Phil Crosby, especialista em qualidade: «A qualidade, no fim, é gratuita.»

Em muitas empresas, os custos da não qualidade pressupõem até 40% dos custos de fabrico.

- A produção aumenta: fazer as coisas bem pressupõe obter produtividade de recursos que antes não eram aproveitados ao máximo.

Não premeie a trapalhice salvadora que esconde a não qualidade.

Desconfie **dos que abusam dos truques do ofício para salvar um trabalho malfeito; nunca serão verdadeiros profissionais desse ofício**. Da próxima vez que o seu colaborador resolver «milagrosamente», recorrendo a uma trapalhice de urgência, uma situação problemática originada porque na altura certa não se fizeram bem as coisas, nem lhe passe pela cabeça felicitá-lo! Evite as situações nas quais nunca há consequências se um recurso incompetente tiver salvado a situação à última hora. Deverá analisar essa situação. É importante mostrar o seu desagrado face à má qualidade do trabalho realizado e não dar atenção ao malabarismo que resolveu a papelada. Aproveite a oportunidade para ministrar uma lição e esclarecer a equipa sobre como se deveria ter agido e como espera que efetivamente operem no futuro. Porque, se aplaudir a trapalhice salvadora e se ignorar o trabalho medíocre que a tornou necessária... adivinhe o que estará a fomentar e a recompensar? Isso mesmo: mais incompetência e mais mediocridade.

Quando se aumenta a qualidade, as coisas fazem-se melhor, mais depressa, e a economia também melhora. Mas ainda temos de mencionar as duas razões, e recompensas, mais importantes que tornam a qualidade ainda mais valiosa:

1. A autoestima da equipa: fazer as coisas bem desde o primeiro instante suscita sensações positivas de sucesso, rigor e confiança, resultantes de se ter dominado uma tarefa e um processo e de operar bem. Mais: as pessoas ficam motivadas para tentar fazer

melhor para a próxima, porque se sentem grandes especialistas na matéria. Uma equipa que se sente especialista e campeã dá muito mais rendimento.

No entanto, ouvimos muitas vezes instruírem-se os colaboradores: «Façam o que for preciso, mas o trabalho tem de sair a tempo.» Perante isto, procuram-se atalhos e soluções de recurso malfeitas, em vez de se melhorarem as coisas de forma sólida e duradoura, acabando certamente por se executar um trabalho medíocre, mas, efetivamente, a tempo.

2. A fidelidade da clientela: uma empresa normal dedica cerca de seis vezes mais despesas à captação de novos clientes do que à conservação e desenvolvimento dos que possui em carteira. E fazer bem as coisas é a melhor maneira de os clientes atuais repetirem e recomendarem o serviço a outros. A qualidade é algo cada vez mais procurado, e estamos dispostos a pagar mais por ela. Já não admitimos baixar de certo nível, por mais barato que acabemos por pagar. Em sentido inverso, a má qualidade é a maneira mais rápida de perder clientes. Como dizia um letreiro de uma loja especializada: «**A amargura de uma má compra é mais duradoura, e mais cara, do que a doçura de ter comprado barato.**»

Mesmo assim, certamente estará a pensar: «Tudo isto é muito pertinente, mas quem consegue fazer as coisas sempre bem?» Respondo-lhe que é possível, desde que seja esse o seu desejo. Vamos saber como. Por exemplo, durante a Segunda Guerra Mundial, o exército americano descobriu que os paraquedas falhavam em 5% dos saltos. Evidentemente, neste campo, a margem de erro deveria ser de «zero defeitos». Como poderia alguém dizer aos paraquedistas: «Não se preocupem, a maioria abre»? O problema resolveu-se estabelecendo que os técnicos responsáveis por dobrar e verificar os paraquedas saltassem de vez em quando de um avião, sem aviso prévio, com um dos paraquedas que haviam preparado, escolhido ao acaso. A qualidade do produto melhorou drasticamente para 100%!

Nas escolas que atribuem classificações de zero a dez, considera-se que tanto um 7 como um 8 correspondem a bom e que tanto um 9 como um 10 correspondem a muito bom ou excelente, ou seja, admite-se perfeitamente que uma margem de 10% é praticamente indiferente. Imagine o que aconteceria no mundo laboral se se permitisse a mesma margem? Quantos bebés pode uma enfermeira deixar cair? Quantas pontes podem desabar? Quantos aviões podem ficar sem asas? Que margem de erro toleraria no seu vencimento mensal? A nossa educação não nos instilou o conceito de qualidade como algo importante. Talvez seja por isso que a qualidade falha em tantas empresas, processos e tarefas.

Contudo, para além disso, é preciso procurar outra resposta fazendo-se a pergunta mágica: o que se está a recompensar no dia a dia? É tão importante saber quanto se produz ou se vende que nos concentramos apenas em saber se se produz ou vende bem. E por essa negligência pagamos um preço elevado sob a forma de subida de custos, perda de autoestima individual, desprestígio da empresa, desperdício de tempo e de meios e descrédito da direção da empresa. Nós próprios nos sugamos a nível financeiro!

Ponhamos a GER em prática: para obter um maior lucro através da qualidade, é preciso começar por a recompensar, e isto deverá acontecer em toda a empresa, de cima a baixo. Se a direção de topo não der sinais de um interesse evidente e permanente em aumentar a qualidade, não haverá melhorias sólidas. Quando a qualidade falha, o mais fácil é culpar os funcionários, a escassez de meios, a falta de orçamento, porque tudo isto é facilmente visível. Mas esconde-se aqui um grave erro: exige-se qualidade de palavra, mas não de factos. A qualidade só começa quando o presidente, o diretor-geral e todos os membros da comissão de direção assumem uma mudança e dizem para si mesmos «Adiante, vamos fazer tudo bem!» e isso é estratégico para todos e conseguem torná-lo realidade. Este é o fator mais poderoso e mais mobilizador para que essa mudança se opere. As empresas seriamente comprometidas com a qualidade utilizam sistemas de compensação que premeiam a eficiência e castigam a imperfeição, embora um trabalho incompetente conseguisse que as encomendas ou os resultados se concretizasse milagrosamente.

Para isso é imprescindível o seguinte:

1. Todos os funcionários devem perceber o que é e o que não é qualidade na empresa em que trabalham. Todos achamos saber o que é a qualidade, porque todos pensamos que é algo que pertence ao senso comum. O que raramente temos em conta é que **cada um tem o seu próprio sentido de «senso comum», que deveria chamar-se, na verdade, «senso próprio», porque de comum não tem nada**. Assim sendo, as ideias que se seguem deverão ser muito claras para todos:

A qualidade É:
- Conformidade com normas e processos DEVIDAMENTE estabelecidos.
- Um compromisso total e permanente em bem-fazer, desde o princípio, sempre.
- Evitar os defeitos antes que ocorram, logo desde a planificação.
- Objetivamente mensurável.
- Não se conformar com um resultado medíocre e aprender e melhorar o processo a cada erro e a cada oportunidade.
- Um compromisso de todos.

A qualidade NÃO É:
- Dizer às pessoas que façam o melhor que conseguirem.
- Um objetivo que se alcança uma vez e depois se esquece.
- A mera inspeção e correção de defeitos, sem mais.
- Algo que se avalia por critérios subjetivos.

- Considerar bom aquilo que se produz se for apenas suficientemente válido.
- Um capricho para obter uma certificação.
- Limitar-se a seguir os processos definidos sem verificar se são os adequados.

2. Terá de apresentar toda a gente, a começar pelo cargo mais elevado, aos fundamentos da medição da qualidade. O principal obstáculo da qualidade é a crença de que os sistemas de controlo são difíceis de assumir e de entender. De início, é possível que a procura da qualidade não motive toda a gente, visto que oprime, por significar a submissão a formas concretas de fazer e a hetero-avaliação. Mas o que é muito motivador, depois, é o resultado da qualidade, por isso é importante que todos conheçam o sistema para o incluírem como instrumento de avaliação do rendimento.

3. Difunda entusiasmo através de comunicações, metas e prémios. Consegue divulgar de algum modo informação periódica sobre como vai a qualidade ou atribuir prémios por melhorias de qualidade? A meta é sempre a mesma: zero defeitos, zero acidentes; por isso, a melhoria deve ser permanentemente instilada e valorizada. Deve ser equivalente a zero acidentes, que também é um valor a alcançar.

4. Pergunte diretamente às pessoas que realizam o trabalho como este poderia ser melhorado. Esta é a ideia básica que inspira os círculos de qualidade, mas não é habitual fazer-se-lhes perguntas. As pessoas estão dispostas a contribuir com ideias sobre o seu trabalho, e, além disso, se as deixarem pô-las em prática, o envolvimento estará assegurado, visto que **todos nos empenhamos mais nas nossas propostas do que naquelas que nos impõem**.

5. Faça com que todos sintam e pensem que o que estão a fazer lhes será entregue enquanto consumidores finais, que são

eles os clientes. Como desejaria que lho fizessem ou entregassem? Agora isso pode tornar-se uma realidade.

6. Ponha o cliente no centro de tudo. A qualidade é definida por ele. De pouco serve desenvolver algo de qualidade que ninguém pede ou aprecia e não cumprir com o que efetivamente se procura e exige. Escute o que o cliente pede, as suas queixas, os seus sonhos. Isso irá inspirá-lo a criar uma situação que fará aumentar os lucros e ao mesmo tempo deixará os seus clientes mais satisfeitos. E não será a qualidade aquilo que, afinal, pretende? Lembre-se de que o cliente é quem recebe o trabalho executado, quem dele precisa, portanto, esses são os seus clientes internos.

7. Distinga os seus fornecedores, os que são apenas isso, e os que são realmente colaboradores, os estrategas, ou seja, os que se empenham consigo e contribuem com valor para o seu projeto porque querem ajudá-lo a evoluir e não se limitam a fornecer-lhe apenas aquilo que pede. Premeie estes últimos com fidelidade. Uma forma de saber qual é um ou outro é pedir-lhes algo absurdo com a promessa de que lhes pagará bem. O «fornecedor sem mais» estará disposto a satisfazer-lhe o pedido para ganhar a sua parte, ao passo que o «colaborador verdadeiro» dir-lhe-á: «Não lhe vou fazer isso, porque não lhe vai ser útil.» Premeie quem defende a qualidade dos seus produtos e cumpre sempre, e não os que lhe dizem sempre que sim e depois o dececionam.

8. Nunca premeie quem contorna as regras quando lhe convém. Lembre-se: **se uma regra não funcionar, pode propor-se mudá-la, mas, enquanto existir, ninguém a poderá contornar**. Permitir o último caso porque, no fim, nunca se aplicam sanções é o melhor caminho para que tudo acabe por ser feito de qualquer maneira e para que a qualidade venha por água abaixo.

ESTRATÉGIA 10

Premeie a colaboração, não os que trabalham uns contra os outros.

> *Quando os vejo a lutar uns contra outros, pergunto-me: e consideramo-nos nós a espécie inteligente...?*
>
> ANÓNIMO

As pessoas da sua empresa sabem trabalhar juntas? Verifique se:

- Têm dificuldade em dar uma ajuda aos funcionários de outra área ou que realizam outra tarefa quando é preciso.
- Tentam destacar o seu próprio trabalho e normalmente rebaixam o dos outros.
- Colaboram e participam em «reuniões negativas» de críticas a outros departamentos ou colegas.
- Culpam frequentemente outros departamentos: «Nós fizemos a nossa parte, eles é que falharam.»
- Se interessam apenas pelos seus assuntos.

Se tiver confirmado vários destes pontos, certamente o sistema de recompensas em que trabalha está estruturado de forma a favorecer algumas pessoas ou grupos à custa de outros. E todo o sistema de prémios que produza um reduzido número de vencedores à custa de um grande número de perdedores é fonte de conflitos.

Um banco era responsável por fornecer uma série de ajudas económicas estatais a um grupo de clientes, o que representaria uma magnífica oportunidade comercial. Assim, para garantir o sucesso desta ação, nomeou um responsável por esta questão no escritório, o qual, durante dois meses, se devia focar nesse desafio e, em troca, receber um prémio. Longe de melhorar os resultados relativamente aos outros anos, o efeito foi demolidor. Os colegas, ao verem ser-lhes atribuído o trabalho habitual que essa pessoa agora deixava de fazer, decidiram concentrar-se no seu e fazer o da outra de forma negligente. Verificou-se logo uma acumulação monumental, um descontentamento dos clientes habituais e o deteriorar do clima laboral no escritório. Quando a pessoa em causa recebeu o incentivo, no fim da campanha pontual, foi posta de parte pela equipa. Na opinião de todos... graças a quem pudera dedicar-se àquela tarefa? E por que motivo apenas ela deveria receber uma quantia adicional se todos tinham realizado um esforço extra? O efeito daquele erro perdurou durante meses de desconfiança, desmotivação e perda de entusiasmo geral.

Uma cadeia de supermercados decidiu relacionar uma parte dos incentivos com o *ranking* de vendas que cada loja ocupava relativamente às restantes. Resultado? Quando um chefe de loja tinha uma baixa numa secção importante, nenhuma outra a ajudava. A colaboração entre as mesmas era mínima, e, se delas uma tivesse descoberto um sistema que melhorasse a eficácia ou uma promoção que ajudasse a aumentar as vendas, escondia-o das outras. Os próprios funcionários, influenciados pelo ambiente criado, consideravam as outras lojas como suas inimigas, mais do que as da concorrência! Os piores trabalhadores eram recomendados para irem para outras lojas, em vez de não se lhes renovarem os contratos. O efeito final foi essa cadeia de supermercados, globalmente, apresentar resultados mais baixos, a rotação de pessoal ter aumentado por haver muita tensão interna e verificar-se um importante desgaste no prestígio da direção da empesa até terem retificado a situação.

A concorrência interna pode desempenhar um estímulo muito saudável a dado momento. Mas, no fim de contas, qualquer organização é uma equipa cujo sucesso depende da colaboração eficaz entre todas as pessoas e áreas. Os conflitos ou rivalidades que vão contra isso são destrutivos.

Qualquer empresa tem a capacidade de suportar um ou dois litigantes, individualistas incapazes de trabalhar para o conjunto, mas, se o espírito de discórdia predominar a nível geral, é evidente que o sistema de recompensas propicia o conflito e o confronto, não o trabalho em equipa. A única concorrência a existir deve estar fora da empresa; a concorrência deve manifestar-se apenas com o resto das empresas, as que querem captar os nossos clientes e conservar os seus. Esta concorrência já é suficientemente dura para se complicar a situação com quezílias internas. Como disseram alguns trabalhadores japoneses a dada altura, «nenhum de nós, sozinho, está mais preparado do que todos nós juntos». Seguindo a mesma ideia, poderíamos dizer, em termos empresariais:

Ninguém é tão competitivo e tão capaz como todos nós juntos.

O trabalho em equipa também não surge por acaso. Para o conseguir e manter, é necessário que todas as chefias o considerem uma prioridade e estruturem a organização de modo a favorecer a colaboração. Numa palavra, se quiser ases individualistas, premeie esses ases, mas, se quiser uma equipa vencedora, premeie o trabalho em equipa. Eis algumas ideias que tiveram resultados positivos pondo a GER em prática:

1. Criar equipas colaborativas.

Repetidamente se demonstra que a criação de grupos com uma elevada colaboração contribui para melhorar o clima e o rendimento. Apresento-lhe critérios fundamentais para obter equipas capazes de colaborar de forma eficiente:

- Assegurar-se de que todos na equipa sabem para onde se ruma e os objetivos que servirão de base para ganhar as recompensas. Certifique-se de que todos sabem fazer e fazem bem a sua parte e de que todos conhecem a função dos outros.
- Toda a equipa deve compreender o que a sua tarefa traz ao grupo e o que retira aos outros, se a sua parte falhar. Faça

com que todos compreendam que **a missão de cada um é conseguir que aquilo que faz chegue em condições ao colega seguinte.** Não premeie aqueles que tentam apenas livrar-se das tarefas o mais depressa possível, seja como for, e passá-las ao próximo, para se desenvencilharem seja como for.

- Determine que os próprios membros da equipa deverão avaliar os colegas todos os anos, ou de dois em dois anos, incluindo o chefe. Quem não obtiver o reconhecimento suficiente do grupo não receberá a recompensa definida para a equipa; ajude-o a melhorar e, se não se verificar progressão posterior, ficará fora da equipa.

2. Travar qualquer rivalidade inadequada com uma META COMUM.

Se descobrir que determinadas pessoas ou grupos que têm de trabalhar coordenados se encontram em conflito ou não trabalham de forma conjunta, eis algumas ideias que se podem aplicar:

- Definir uma nova META COMUM para ambos os grupos, devidamente premiada, cuja recompensa só será alcançada se colaborarem, se todos ganharem. Por vezes, essa meta comum é simplesmente reunir as metas de cada um, individualmente, mas a solução reside em que, agora, TODOS dependerão de se alcançar a meta global para receberem o prémio.
- Averigue a origem da rivalidade e elimine-a.
- Em casos difíceis, costuma funcionar a identificação (ou a invenção, se for preciso) de uma ameaça comum, como, por exemplo, outra empresa ou um novo sistema que, se não conseguir estabelecer resultados, substituirá as duas equipas. É a recompensa inversa: se não conseguirmos, vamos todos para a rua. As pessoas unem-se admiravelmente quando lutam contra um inimigo comum.

- Enfrente a situação. Um conflito entregue à sua própria evolução tende a alongar-se e a complicar-se. Quando certos grupos embarcam numa guerra particular que não reage às medidas normais, terá de atalhar imediatamente o assunto. Reúna todas as partes, cara a cara, sublinhe que daí em adiante não se tolerará outro modo que não seja a colaboração, deixe claro qual será a recompensa se isso for conseguido e ainda mais expressas as consequências para quem não colaborar.
- Cumpra o comunicado premiando quando se trabalhar bem e afastando a pessoa conflituosa se não se integrar no sistema. Curiosamente, quando se afasta o responsável por minar a colaboração, os que estavam à sua volta florescem logo com energia renovada. **Com clareza, firmeza e rigor, tudo corre melhor**.

3. Evitar rivalidades futuras.

As doenças que não existem não necessitam de tratamento. Por isso é sempre menor e mais rentável o esforço no sentido de prevenir do que no de curar. Apresento-lhe de seguida alguns procedimentos que evitam o aparecimento de concorrência interna negativa:

- Felicite e destaque as pessoas e os grupos que contribuem para o resultado do conjunto. Todos deverão sentir que vivem melhor se alcançarem a Meta Comum.
- Fomente interações frequentes entre membros dos diferentes grupos. Se for possível, permita que seja normal a troca de pessoas entre grupos. Assim, todos sentirão que amanhã lhes poderá «calhar» estar do outro lado, de modo que será melhor dar-se bem com os elementos desse grupo.
- Elimine processos e situações de perde-ganha entre grupos que tenham de colaborar uns com os outros para o sucesso da empresa. Não há perdedores, cada um contribui com a

sua parte, e quem renunciou ao seu protagonismo pelo bem comum é tão herói por esse motivo como qualquer outro.

4. Premeie o espírito de equipa por meio do amor-próprio e dos elogios.

Terá de fazer sentir às pessoas que trabalham num lugar especial, pelo qual vale a pena lutar. Deverão sentir-se orgulhosas da sua empresa. Devem sentir e ver que todos praticam o «um por todos e todos por um» e que isso é apreciado. Sentir-se parte de uma equipa grande e unida é uma deliciosa recompensa. Para o efeito, todo o chefe de equipa deve assumir o seguinte código de conduta face ao exterior:

Se algo correr mal ou alguém da minha equipa cometer um erro, sou o responsável.

Se algo for bem-feito ou se obtiver sucesso, a minha equipa é responsável.

QUARTA PARTE

Plano de ação: como ser um «gestor 10»

JÁ ALGUMA VEZ SE PERGUNTOU como é possível haver pessoas que se apaixonam verdadeiramente pelos seus *hobbies*, mas, em contrapartida, permanecem nos seus postos de trabalho como sonâmbulos? Hoje em dia, no mundo do trabalho, são poucos os que ficam exaustos de esgotamento e muitos os que murcham de aborrecimento. Não é que se tenda para a preguiça, o que acontece é que muita gente encontra nos seus passatempos algo que o trabalho não lhes proporciona. Imagine quão produtivos seríamos todos se o trabalho nos prendesse tanto como os nossos passatempos.

Para que as pessoas encarem uma atividade com interesse, de qualquer género, é preciso que essa atividade contenha três ingredientes básicos:

1. Um objetivo atrativo, o que implica saber a que se destina o seu trabalho e compreender que oferece algo valioso a alguém: clientes, colegas, sociedade, satisfação pessoal, etc.

2. Um esforço que represente um repto e um desafio interessantes.

3. Um prémio ou recompensa estimulantes.

Por exemplo, é possível que um funcionário que trabalha a meio gás e com muito pouca motivação, nas horas livres, pratique intensamente algum desporto ou tenha um interesse a que realmente se entregue com entusiasmo. Aí talvez tenha um bom objetivo, um bom desafio, que o motive, e uma boa recompensa: nem que seja apenas passar algum tempo de qualidade, ganhar um jogo ou melhorar um tempo, exibir-se perante outros, receber elogios, rir com os amigos ou a autossatisfação. Provavelmente, o trabalho desse funcionário carece da maior parte destes elementos e por isso não o consegue prender.

Vejamos um plano de ação que utilize estes ingredientes para manter a equipa mais envolvida e interessada. Para isso, estabeleceremos primeiro algumas regras básicas e ideias essenciais para liderar e dirigir pondo a GER em prática:

- Ninguém trabalha para o chefe, cada um trabalha para si mesmo.
- Nenhum dos seus funcionários se importa com aquilo de que o chefe precisa nem a décima parte do que se importa com o que ele próprio deseja e de que necessita.
- Parte do seu trabalho como chefe consiste em transmitir bem os objetivos e definir as recompensas para que a sua equipa procure e obtenha bons resultados, fazendo as coisas certas.
- Nenhum sistema de recompensas fará que tudo funcione se as pessoas carecerem da capacidade, da autoridade, da formação e dos meios necessários para realizarem o seu trabalho. Assegure-se de que tudo isso corre bem.
- **As pessoas satisfeitas produzem melhores resultados, e alcançar bons resultados ajuda a que as pessoas fiquem satisfeitas**. Um dos segredos da automotivação consiste em fazer tentar fazer tudo bem, pois isso reconforta e fortalece o espírito, a autoestima e a autoconfiança. Assim, não se preocupe tanto em conseguir boas atitudes.

Recompense devidamente o bem-fazer, o comportamento e o rendimento certos, e, quando os resultados e os prémios aparecerem, as atitudes procuradas irão manifestar-se.

Lembre-se do seguinte:

**Dirigir não é mandar nas pessoas,
mas conduzi-las e liderá-las para o sucesso comum.**

Vamos agora definir um **plano vencedor**:

OS 5 PASSOS PARA PÔR EM PRÁTICA A GER, O SEU PLANO DE SUCESSO

Primeiro passo: Escolher o resultado desejado

1. Defina os objetivos de cada elemento da equipa e procure que todos vejam como os esses propósitos contribuem para o objetivo comum da equipa e da empresa, de modo a compreenderem o sentido e a importância do seu trabalho. Depois disto, pergunte-lhes: «Como podem contribuir para isso?» Com as ideias obtidas das suas formulações e ideias, além das exigências da empresa e das suas próprias perspetivas como líder, obtém informação suficiente para definir bons caminhos a partilhar.

Segundo passo: Identificar os comportamentos necessários

Os bons resultados alcançam-se através de uma série de comportamentos adequados. Assim, o passo seguinte consiste em determinar quais são os comportamentos essenciais para a obtenção do rendimento adequado. Tente o seguinte:

2. Reveja os dez modelos de comportamentos desejáveis que explicámos e faça uma lista por escrito com os que considere

essenciais para o bem-fazer de cada colaborador na sua equipa. Classifique-os por ordem de importância.

3. Peça ao seu colaborador que faça o mesmo sem lhe mostrar a lista que elaborou.

4. Juntem-se e vejam as duas listas. Cada um deverá explicar por que considera determinantes os modelos que assinalou como tal, e, de seguida, definam em conjunto os modelos de comportamento para o sucesso com respetiva ordem de prioridades. Por exemplo, o primeiro poderia ser ousadia e o segundo trabalho em equipa.

5. Depois disto, esclareça com exemplos do dia a dia o que significa para si cada um deles.

Terceiro passo: Decida as recompensas

Poderá lembrar-se de várias situações em que viu que objetivos muito claros não deram os resultados e rendimentos desejados. Uma das razões para tantos programas de direção por objetivos fracassarem é a circunstância de estes não terem sido apresentados com recompensas adequadas. O facto de os objetivos estarem devidamente definidos serve apenas para que as pessoas comecem a mobilizar-se, mas é preciso uma boa recompensa para que se continuem a manter ativos, e na direção e da forma certas.

Toda a GER assenta na premissa geral de que os resultados certos se obtêm de melhor forma quando se premeia adequadamente o comportamento certo. Com tantas formas de recompensar, talvez se pergunte: como escolher o prémio para cada pessoa? Encontrar a resposta é mais fácil do que parece: pergunte-lhe e descubra as suas motivações! Cada pessoa atribui uma importância diferente a cada tipo de recompensa, de maneira que, quando se reunirem para definir objetivos e caminhos, reserve algum tempo para descobrir e definir igualmente prémios específicos. Faça uma lista dos possíveis e, se for preciso, cada funcionário deverá escolher um ou vários deles. Assegure-se de que especificou bem o prémio e de que este se adequa à importância do objetivo. Nas metas de grupo, terá de verificar que todos sabem qual será a sua recompensa, a qual só se obterá se o grupo alcançar o objetivo comum. Por exemplo: a recompensa pela consecução do objetivo será o convite para um fim de semana com o cônjuge ou companheiro num hotel especial, que cada pessoa escolherá, com um custo máximo de X. Outro exemplo: se conseguirmos acabar isto, iremos todos ver o jogo de futebol da seleção que se disputará esta semana. Nunca se sabe que prémio pode incentivar, e às vezes é mais simples do que parece.

Quarto passo: Aproveite a força do feedback *construtivo*

Depois de ter feito tudo o que se referiu, acha que já se pode sentar à espera de que os resultados chovam? Seria um erro. Este processo de sucesso tem outra peça essencial: o *feedback* construtivo. A consecução de um objetivo importante pode levar semanas, meses e inclusive anos. O pessoal necessita de um estímulo frequente para perseverar com entusiasmo e manter o rumo certo. A maneira de o conseguir e de manter a motivação é usar o *feedback* de forma positiva. Procure todos os aspetos em que a equipa se destaca e faça-a saber que a valoriza muito. Reserve tempo para elogiar o bom comportamento e verá que este se repete. **Os corações e os cérebros seguem quem os aprecia**.

O *feedback* construtivo apresenta os seguintes parâmetros:

- Seja concreto, indique exatamente o que o trabalhador fez bem.
- Seja sincero, não adule por adular, diga simplesmente, de forma aberta, o que de facto lhe pareceu bem-feito.

- Felicite o que foi bem-feito logo que detete esse bom comportamento: «apanhe a sua equipa em flagrante a fazer bem as coisas e diga-lho imediatamente.»
- Personalize o elogio, torne-o natural, faça-o de coração e dirigido ao indivíduo. O *feedback* é demasiado valioso para não pensar nele e para não o usar bem.
- Faça elogios na medida da importância daquilo que se realizou. Pequenas conquistas podem ser comentadas com um simples «Muito bem!» ou «Isso mesmo!» ou com uma mensagem despretensiosa por WhatsApp. E, para os grandes sucessos, podem usar-se ações de reconhecimento mais significativas.
- Seja preciso mas generoso no elogio. Em caso de dúvida, mais vale uma felicitação merecida a mais do que uma a menos, pois esta felicitação pode já ser esperada. Lembre-se de que **é muitíssimo mais fácil desmotivar do que motivar**.

O efeito é mais eficaz se o fizer de forma irregular. Se depois de cada contrato conseguido o chefe fizer um elogio, rapidamente isso parecerá parte do protocolo. É como um jogo: sentem-se os prémios a chegar quando se fazem bem as coisas, mas não se sabe exatamente quando ou como.

E o que acontece quando algo não foi bem-feito? Porque às vezes também é preciso dar esse *feedback* depois do erro. Quando se vir obrigado a corrigir ou admoestar, porque alguém não fez bem o seu trabalho, tenha sempre presente a regra seguinte para esses casos:

Elogie o operário e corrija a obra.

Ao corrigir, nunca se deve ofender; lembre-se de que, enquanto a pessoa continuar na sua equipa, tem de continuar a contar com esse profissional, por isso lide com esta questão com extremo cuidado, firmeza e clareza.

Ninguém gosta que lhe apontem defeitos e falhas no trabalho. Convém lembrar que quase ninguém faz mal um trabalho de propósito, pelo menos sob o seu ponto de vista. No entanto, a gestão dos erros e as correções necessárias é parte essencial da tarefa dos diretores; de tal maneira que é uma das funções que os colaboradores exigem aos seus chefes para melhorar. O que se passa é que terá de o fazer muito bem, apesar de muito frequentemente, a despeito da delicadeza do assunto, não se medirem as palavras ou ponderarem os modos.

Quando se vir na necessidade de corrigir, avance com muito cuidado: é como andar num campo minado, qualquer passo em falso pode ser fatal. Primeiro, antes de abordar o assunto, verifique minuciosamente o ocorrido, visto que muitas vezes as coisas não são o que parecem, e uma admoestação injusta ou imprecisa deixa uma marca profunda de ressentimento no colaborador. Na dúvida, terá sempre de averiguar e de se certificar com exatidão do ocorrido, e depois agir; e se não houver dúvidas também, para evitar qualquer eventualidade.

No caso de ter de corrigir uma ação incorreta, o seu objetivo também deverá ser construtivo, nunca para «massacrar» o funcionário. Respeite sempre o trabalhador e corrija o comportamento indevido. A forma de realizar o comentário é essencial, e, tal como no elogio, é importante fazê-lo perto do momento da ocorrência, mas, ao contrário do elogio, a frio, pois a quente será difícil dizer palavras certas e ponderadas.

Não comece a crítica apontando o dedo ao que está malfeito. Dessa forma as pessoas ficam na defensiva, e nessa atitude é impossível ouvir, processar e menos ainda construir. Tenha cuidado com o tom utilizado: deverá ser sempre neutro, sério, firme e calmo. **Não se deve dizer o que é forte e contundente a gritar**. É preferível começar por expressar o apreço pelo trabalhador e depois abordar o aspeto concreto que não lhe pareceu bem. De alguma forma, é como dizer «Conto consigo na equipa, mas *o que fez* não está bem» e evitar que soe assim: «O senhor é um inútil e um incompetente. Como pôde fazer isto?» O funcionário deverá perceber que a sua chefia não pensa que como trabalhador «é mau», mas que «fez algo mal».

Depois disto, já se pode entrar no mais importante nestes casos. O que realmente importa de futuro:

Nos erros, a solução reside em focar-se nas medidas para que este tipo de falhas não volte a cometer-se, esclarecer as coisas e aprender.

É a única coisa que importa. Descarregar a ira e desqualificar o outro globalmente não nos leva a lado nenhum. Ao fim ao cabo, um erro que nos serviu para aprender e melhorar foi bem rentabilizado e em muitos casos acaba por ser a base de um sucesso futuro graças ao que se melhorou e esclareceu com o caso. Perante uma crítica construtiva, o interlocutor deverá ficar informado dos erros que cometeu e de como remediá-los. Ao mesmo tempo, concede-se-lhe respeito profissional e fomenta-se o desejo de melhorar. Antes de expressar uma crítica, assegure-se de que o que vai dizer, e o modo como o fará, irá servir para tudo isto.

Ora, ser construtivo e até pormenorizado no apontar das falhas não impede que tenha de ser muito claro em certos erros. Para falhas graves e importantes, é crucial esclarecer o assunto, indicar o que se espera que aconteça, o que de modo algum pode voltar a ocorrer e até as consequências que teria o facto de essa falha se voltar a repetir, para que logo, se não houver progressos, não haja mal-entendidos quando for altura de decisões drásticas. Muitas vezes, a falta de firmeza e clareza nestes momentos impede-nos de transmitir mensagens precisas e inequivocamente compreensíveis. No entanto, o funcionário deverá ficar ciente de que, se voltar a ocorrer algo de semelhante, isso provocará a sua «autoexclusão», visto que seria agora o próprio trabalhador a provocá-la. Mesmo nestes casos, se ainda «precisa de contar com essa pessoa», termine o diálogo de forma construtiva, oferecendo-lhe ajuda para melhorar e desejando-lhe que o consiga fazer. Poderia dizer algo como: «Quero contar consigo, mas isso depende de si.»

Estimular o bem-fazer, ajustar o necessário para que se triunfe e corrigir o incorreto é parte essencial do acompanhamento e da utilidade de um bom líder. Em todos os casos, o controlo permanente do chefe deverá estar sempre direcionado para ajudar e apoiar, e não tanto para ver o que não se fez ou fixar-se apenas nas falhas. Para isso não são necessários diretores, basta um vigilante (que decerto seria muito mais barato). Não nos tornámos chefes para sermos polícias (isso não nos agrada!), mas para conseguir que com o nosso contributo e orientação as equipas alcancem as metas, ganhando o respeito e a estima profissional de todos os que se esforçam e merecem estar na equipa.

Quinto passo: Distribua os prémios e celebre os êxitos

Esta é a parte mais fácil e divertida do plano. Se cumprir os seus compromissos e exceder as expectativas, ganhará credibilidade na equipa, e todos saberão que consigo vale a pena esforçarem--se porque, como fazem os bons líderes, **depois da imensa exigência que impõe à equipa, também exige a si mesmo recompensar e apreciar o bem-fazer**, sem se esquecer dos heróis, mesmo quando o resultado final não brilhe por questões externas ao grupo.

Recapitulação do Plano de ação:

As principais linhas e orientações para ser um gestor 10 resumem-se nas seguintes:

1. Determine os resultados que deseja e defina objetivos.
2. Concretize com a equipa os comportamentos necessários e as ações que conduzirão o plano ao êxito.
3. Escolha os prémios adequados.
4. Aproveite, no processo, a força do *feedback* construtivo.

5. Distribua as recompensas: resultado conseguido tendo feito bem as coisas?

— Sim: premeie e celebre o sucesso, passando ao próximo desafio.

— Não: analise porquê, aprenda, premeie quem se esforçou e recomece.

Depois de ter estabelecido um sistema de recompensas positivas, bem alinhado com a consecução de bons resultados, obtidos da forma correta, as pessoas tornam-se excelentes diretoras de si mesmas, o que equivale a mais tempo para si próprias, para fazerem outras coisas, visto que isso também constitui uma boa recompensa para o ser humano. Ao fim ao cabo, a GER parte de dois conceitos básicos para compreender a liderança atual:

HOJE DIRIGIMOS VOLUNTÁRIOS: a vontade, a responsabilidade, o esforço adicional e o compromisso são isso mesmo, voluntários, não vêm escritos no contrato de trabalho.

QUINTA PARTE

Plano de ação para o autoaperfeiçoamento. Seja o seu próprio *coach*

Aquele que consegue uma vitória sobre outros homens é forte, mas o que consegue vencer-se a si mesmo, esse, é todo-poderoso.

LAO-TSÉ

JÁ LEU ALGUM LIVRO ou frequentou um estágio de gestão eficaz do tempo? Se for o caso, terá visto centenas de conselhos e conhecimentos para trabalhar melhor e aumentar o rendimento. Mas, na maioria das vezes, passados poucos dias, nada vingou, porque não devem ter explicado como fazer para que essas técnicas tão interessantes se transformem em algo tão natural como escovar os dentes. Há uma solução para evoluir como pessoa e ser capaz de integrar novos hábitos seguindo um método de trabalho simples. Mas cuidado! Eu disse simples, não fácil, o que não é o mesmo. Modificar um adulto é uma tarefa árdua que exigirá da sua parte muita força interior, uma vontade clara de melhorar e uma grande dose de autodisciplina, porque a tentação de regressar ao de sempre estará presente em todo o processo.

O método baseia-se numa ideia: centre-se em muito poucas coisas de cada vez, numa só ideia, e pratique-a conscientemente durante três semanas.

Três semanas apenas são suficientes para transformar um modelo novo de comportamento num hábito controlável e confortável. Mas a maioria das pessoas que se dispõem a melhorar normalmente procura mudanças radicais e completas de comportamento, de repente, tudo de uma vez, o que é impossível e faz com que esmoreçam e percam a esperança, pensando que já não podem mudar na sua idade. A solução para operar mudanças de comportamento permanentes reside em serem graduais, poucas e sistemáticas. Não é uma questão de idade, mas de empenho e de abertura à aprendizagem. A predisposição de cada pessoa para a mudança, para a criação de uma oportunidade, fará que tudo funcione. Este é o segredo para experimentar coisas novas, para melhorar, pois quem continua a manter o espírito de aprendizagem vivo permanece para sempre jovem, de alma e energia.

Reveja os comportamentos que deseja melhorar, de seguida, escolha um só hábito novo, apenas um ou dois, que lhe pareça mais útil ou que sabe que mais o poderá ajudar e pratique-o durante três semanas sem falhar uma só vez. Comente com as pessoas que o rodeiam que precisa do seu apoio e continue a praticar incansavelmente, durante essas três semanas.

Não espere pela vontade de mudar ou pela melhor altura para o fazer.

**A melhor altura para começar a melhorar,
sempre, é AGORA, HOJE, JÁ!**

O «momento ideal» nunca chegará. Comporte-se simplesmente como quer ser e, mesmo que de início lhe pareça pouco natural e outros lhe expressem comentários de estranheza, persista, apesar da vontade de pendurar um cartaz a dizer: «Estou em formação.» Mantenha-se focado até ao fim dessas três semanas, e depois as coisas encontrarão o seu lugar, e tudo começará a ser muito mais natural para si.

Para terminar este sistema de sucesso, falta apenas aplicar a GER a si mesmo: escolha um prémio adequado para si. Esta é a parte mais sugestiva do plano. Quando se impuser um novo comportamento, escolha também uma boa recompensa que concederá a si mesmo depois das três semanas de prática ininterrupta desse hábito. Não estou a brincar. Será o seu incentivo para praticar o novo modelo de comportamento até este se tornar um hábito natural que encontrará e usará com facilidade quando precisar e se o pretender. O prémio que definir para si não terá de ser enorme ou caro, mas algo que tenha sentido e valor para si, algo que o faça feliz por o possuir ou fazer. Por exemplo: ir ver um filme ou um concerto, uma garrafa de um vinho especial, uma massagem, um dia num *spa*, uns sapatos novos, um dia de pijama ao domingo... É para si, portanto, a decisão é sua!

Para formalizar tudo isto, só tem de pôr por escrito o novo hábito, a recompensa, escolher quem o validará (pode ser o próprio, mas não caia em armadilhas!) e começar. Tenha sempre presente que qualquer novo hábito positivo que adquire transporta a recompensa de fazer bem as coisas, do apreço dos outros e da melhoria dos resultados.

Se tiver praticado um hábito novo durante três semanas sem falhar, é provável que o transforme num comportamento integrado, que flui quando decide aplicá-lo, e depois este poderá tornar-se uma virtude real. Se mantiver este ciclo de autotreino, hábito e perfeição após outro, seguindo sempre o mesmo método e disciplina, quando se tiverem passado vários meses, começará a observar melhorias e mudanças drásticas e duradouras na sua forma diária de fazer as coisas, na maneira de as enfrentar, ou seja, na sua própria eficácia pessoal e profissional.

Se se «apanhar» a cair nos velhos hábitos, recomece e conte mais três semanas. Depois de ter praticado com sucesso o hábito rebelde durante as três semanas seguidas, premeie-se, aprecie a conquista: merece-o! Lembre-se de que as pessoas que se felicitam pouco perdem alegria, diminuem a sua autoestima e tornam-se muito austeras a felicitar os outros.

Se não confiar em si mesmo, e para evitar cair em armadilhas, explique o seu plano de aperfeiçoamento a alguém da sua confiança para que o avalie. Melhor ainda, entregue-lhe a guarda da recompensa que pensava atribuir a si mesmo para que lha ofereça apenas se realmente cumprir o seu objetivo.

Como viu, a GER pode ser um excelente instrumento de autodesenvolvimento e permitir-lhe-á alcançar qualquer meta que se proponha: aprender uma técnica, desenvolver um novo interesse ou melhorar qualquer aspeto da sua vida em que o comportamento consciente intervenha. Não é fácil ter controlo sobre os nossos sentimentos, mas todos temos dois imensos aspetos dos quais somos efetivamente senhores e sobre os quais temos plena capacidade de agir, mudar e controlar de forma a canalizar o melhor de nós e obter energia e força ilimitadas:

Somos senhores do QUE PENSAMOS
e dos NOSSOS COMPORTAMENTOS.

Resumo final

OS FUNDAMENTOS

- A GER: só se fazem com empenho as coisas que nos oferecem compensação.
- Para obter os resultados desejados, faça as perguntas mágicas: *O que estou a recompensar?* e *O que devo recompensar?*

RECOMPENSAS

- Dinheiro
- Elogios
- Tempo
- Uma parte do bolo
- Tarefas preferidas e tratamento de qualidade
- Promoção
- Autonomia
- Formação
- Diversão
- Presentes
- O que for valioso para a pessoa a recompensar

LEMBRE-SE SEMPRE DE QUE É TÃO IMPORTANTE **O «MODO COMO SE DÁ»** A RECOMPENSA COMO «AQUILO QUE SE DÁ». DÊ ATENÇÃO AOS PORMENORES.

	Recompense	**Em vez de**
1	Lealdade e envolvimento	Rotação indesejada e inapetência
2	Soluções sólidas	O curto prazo que estraga o futuro
3	Ousadia inteligente	Cautela temerosa
4	Criatividade e inovação	Conformismo
5	Ação decisiva	Paralisia por análise
6	Trabalho inteligente	Mera laboriosidade e presença
7	Simplificação	Complicação inútil
8	Eficácia e rendimento	Desculpas e dobradiças ruidosas
9	Trabalho de qualidade	Incompetência e falta de qualidade
10	Colaboração em equipa	Individualismo e confrontos

Todos temos um imenso poder: o de escolher como encaramos o trabalho dos outros, como pensamos e como agimos.

Última reflexão

AGORA JÁ SABE COMO PÔR EM PRÁTICA a Gestão Eficaz de Recompensas. Quando estranhar o facto de as coisas estarem a ser realizadas de determinada maneira, faça as perguntas mágicas, e tudo se tornará claro. E, o que é mais importante: poderá exercitar-se na prática da GER enquanto melhora a vida dos que interagem consigo, sejam eles os seus colaboradores, o seu chefe ou mesmo quem o rodeia pessoalmente. Porque, no fim de contas, a base de tudo isto é a seguinte:

Todos fazemos as coisas com mais vontade e de forma mais inteligente quando obtemos uma boa recompensa por isso.

Portanto: VEJA-ME A BEM-FAZER, RECOMPENSE-ME E FÁ-LO-EI DE NOVO.

Uma última reflexão: Dirigir pessoas será sempre mais uma arte do que uma ciência. O sucesso depende, portanto, em grande medida, da sua avaliação e da sua habilidade. Neste livro, fornecemos-lhe apenas a tela, alguns pincéis, uma paleta básica de cores e umas quantas ideias e critérios essenciais. A criação da obra-prima é consigo, daqui em adiante, porque até Velázquez e Dalí começavam os quadros apenas com um traço inicial.

Espero ter-lhe dado algumas ideias que o tenham inspirado e que o ajudem a melhorar. As minhas melhores saudações. E, agora, toca a pôr a GER em prática!

PACO MURO

Terei imenso prazer em receber os seus comentários sobre este livro em: GER@ottowalter.com